アジアを救った
近代日本史講義

戦前のグローバリズムと拓殖大学

渡辺利夫
Watanabe Toshio

PHP新書

はじめに

おはようございます。今日から講義を始めます。この講義のポイントは、二つです。

第一のポイントは、日本の近代史をよく理解してほしい、ということです。諸君は、中学、高校を通じて、日本史を勉強してきました。諸君が使った教科書を、私も必要があっていくつも読んでおります。しかし、ほとんどは、日本の歴史を否定的に描いたものです。

日本史とは、日本の過去についての記述です。日本の過去を否定的にのみ描いたのでは、自分が生まれ育った日本という国家を、豊かに受け容《い》れることはできません。

私はいま七十四歳です。私という存在は、七十四年の過去の積みあげの結果です。私よりはるかに若いとはいえ、諸君のいずれもが、諸君のそれぞれの過去を蓄積して、いまここに「在《あ》」るのです。反省すべき、否定したい過去は、誰にもあろうと思います。しかし、反省すべき、否定したい過去をいくら積みあげても、いや、積みあげれば積みあげるほど、この過去、つまりは現在の自分を受容することができなくなってしまいます。諸君の多くが教えられてきた日本史は、歴史を批判し反省する言葉に満ちています。これは、少々奇妙なことなのではないでしょうか。

現在の日本は、世界の国々の中で最も豊かな国の一つです。政治的にも、よく統合された国家です。女性が一人で夜中に街を歩くこと、飲料の自動販売機が建物の外におかれていること、ATM（預金出納機）が公衆の駅に設置されていること、ほんのわずかな例ですが、私はこんな光景を外国でみたことがありません。技術、芸術、学術の面からみても、日本が他国に劣っているとは思われません。ノーベル賞受賞者の数は、平成二十五年現在、一九名、世界のランキングで八位です。

つい先達《せんだつ》て催された伊勢神宮の式年遷宮については、新聞でもテレビでも繁《しげ》く報道されました。諸君もご覧になったのではないでしょうか。伊勢神宮では、二十年ごとに内宮と外宮の二つの正殿、一四の別宮のすべての社殿をつくりかえ、神座を移します。持統《じとう》天皇治世の西暦六九〇年に始まったそうですから、平成二十五年の式年遷宮は六二回目、実に、千三百年余の歴史をもっています。

今上《きんじょう》天皇、つまり現在の日本の天皇陛下は、一二五代に当たります。この「万世一系」の天皇こそ、日本の歴史が、動乱や大逆、外国からの侵略によって深刻な危機の淵に立たされることなく、連綿として紡がれてきたことを証《あか》しています。このような存在を、他の国々の皇帝や王位の中にみることはできません。

こういう日本が、批判し、反省すべき過去の積みあげの上にあるというのは、やはりおかしな見方です。私たちの両親、祖父母、曾祖父母、祖先がどのような努力を重ねて今日の日本を築いたのかは、先入観を排してみつめる必要があります。「肯定的自我」こそ、私どもが健《すこ》やかに生きていくための必須の条件なのですから。

国家の歴史を肯定的に受けとめなければ、私どもが献身すべき対象をみいだすことはできません。人間は、「私」として生きると同時に、「公」的に、つまりは国家や共同体や組織のために生きる存在でもあります。私どもは、「公」に生きるという目標をもたずして、充実した人生を送ることができない存在なのです。

この講義では、対象を「近代」に絞《しぼ》ります。古代、中世、近世、近代、現代、というふうに歴史が織り紡がれてきました。諸君も中学や高校の時にそう教えられてきたはずですが、そのうちの近代が私の講義の対象です。連綿たる歴史を、このように時代区分することには、もとより無理があります。区分はあくまで便宜のためです。

しかし、幕末の動乱期を乗り越え、維新の大業を経て生まれた日本の近代は、現代の日本をつくる原動力のようなものだといっていい。幕末・維新の時期から第二次大戦敗北までの時代を、しっかりとみつめましょう。この講義の第一のポイントは、日本の近代史についての私の考えを諸君に伝えることにあります。拓殖大学は、この日本の近代の真《ま》っ直中《ただなか》、明治三十三年

（一九〇〇）に誕生しました。

この講義の第二のポイントは、次のことです。諸君は、自我の形成期、自己の確立期にある青年です。「自分とは何者なのか」と問い、「自分は他の誰でもない自分なのだ」、という自意識（アイデンティティ）を求めているにちがいありません。この自我形成、自己確立にとって、血族に連なる「縦」の人間関係を探ることがまず必要です。血縁という縦につながる「垂直的人間関係」、もう少し踏み込んでいうと「歴史の中の私」という意識にめざめることです。自我形成、自己確立にとって、まず考えておかねばならないことです。

私どもは、血縁という縦の人間関係の中にあるわけですが、そればかりではありません。生を享《う》けてしばらくは、家族に囲まれて生活します。しかし、すぐその後に、初等教育、中等教育、高等教育を授《さず》けられ、そうして企業や団体などの機能的集団の中で、人生の大半を送ることになります。この機能的集団における人間関係は、家族や血縁のように、運命によって定められたものではありません。人々が意志的に選び取ることのできる人間関係です。

人々が意志的に選び取ってつくられる集団内の人間関係が、教育機関や企業・団体の中で築かれています。同じ志をもった人々により、人為的につくられた人間関係です。諸君は、垂直的人間関係のみならず、この横に広がる「水平的人間関係」の中に生きて「在」るのです。水平的人間関係からなる機能的集団の中で、自分がなすべきはなにか、なにを学び、将来をどのように設計すべきか。このことを考えながら日々を送ることが、諸君には求められているのです。

そのためには、日本の近代史を学ぶとともに、自分が属する組織、諸君の場合であれば拓殖大学がどのような目的をもつ機能集団なのか、その生成発展のありようを学び、自分自身の「立ち位置」を確認しなければなりません。そうして「水平的人間関係の中の私」をも手にしようではありませんか。

なお、拓殖大学の歴史については、拓殖大学百年史編纂委員会発行の『拓殖大学百年史 明治編』『同大正編』『同昭和前期編』『同昭和後期・平成編』の四冊が、平成二十二年から平成二十五年までの間に集中的に刊行されました。この百年史の執筆と編纂に私も深く関わりました。本講義のベースになっているのも、この百年史です。本講義の講義録の校閲には、同編纂室の長谷部茂さんの心厚い協力を得ることができました。長谷部さんのご懇篤に深く感謝しております。

それでは、講義に入っていきましょう。

学生たちに熱弁を振るう筆者

アジアを救った近代日本史講義　目次

第3講

中国の国際秩序観念――日本の挑戦

第4講 拓殖大学の淵源としての台湾協会学校

第5講 生死の中の日本——日露戦争

第6講 なぜ「韓国併合」だったか

第7講 韓国統治の中の拓殖大学

第8講 日本の大国化・列強の猜疑

第9講 「四分五裂」中国への日本の関与

第15講

敗戦後の日本と拓殖大学

第1講

歴史を学ぶことの意味（1）

——自我形成と自己確立への旅立ち

ある家族の肖像

ここに、一枚の家族の写真があります。裏書きをみますと、明治三十七年一月、山梨県中巨《こ》摩《ま》郡にて撮影、と書かれています。中央の軍服姿の男性が、私の母方の祖父です。この祖父が、日露戦争に出征する日の朝、家族の全員を集めて撮った記念写真です。

祖父の胸には、いくつかの勲章がつけられています。実は、祖父は日露戦争から十年前の明治二十七年の日清戦争にも出征し、その時の軍功により賜ったものがこの勲章だそうです。祖父が履いているのは草鞋《わらじ》です。日露戦争への出征後、この草鞋で満州の荒野を転戦しました。

左側に座って幼児を抱えているのが、私の祖母です。その幼児が私の母です。祖父の両隣に写っている二人の女の子は、母の姉たちです。右側の二人の老人が祖父の両親、つまり私の曾祖父母です。後列の二人の女性は、祖父の姉と妹です。この写真をみますと、少なくとも日露戦争が勃発した時点で、私の母は出生しており、その母が長じて結婚し、五人の子供を生み、その一人が、諸君の前でいま話をしているこの私です。

ちょっと恥ずかしいのですが、もう一枚の写真をおみせします。この写真に出ている者が、私に始まる血族です。真ん中に写っているのが私です。一番左が私の長男、右から二番目が長女です。長男も長女も結婚していて、それぞれ二人、三人の子供、つまり私には五人の孫がい

筆者の祖父を中心とした家族（上）と筆者を中心とした家族（下）

ます。この写真に写っている五人がその孫たちです。その孫の一番の年長が大学生で、諸君と同じ年齢です。

日清戦争や日露戦争といえば、明治維新後の日本の興廃を決定した重要な戦争でした。諸君にとってみれば、日清戦争も、日露戦争もはるか遠い昔の戦争で、この二つの戦争が現在の私どもになんらかの形でつながっているという感覚は、失われているのでしょうね。

しかし、どうでしょう。こういう写真を眺めてみますと、それほど縁の遠いものとも思われないのではないでしょうか。いま諸君の前でこうやって話をしている私の血族なのですからね。

この写真をみるたびに私は、私という存在が、私という個人のものであると同時に、脈々と連なる血族の中に存在しているという実感をより深くします。私どもは、そういう「縦」に連なる血族の中に生きて「在《あ》」るという観念を、ともすれば忘れがちですが、忘れてはいけません。

❖垂直的人間関係の中の私

諸君の誰にもご両親がおられます。そのご両親のそれぞれに二人ずつのご両親（ご祖父母）が、さらには四人ずつのご両親（ご曾祖父母）がおられます。次の図のように、ですね。さら

垂直的人間関係の中の私

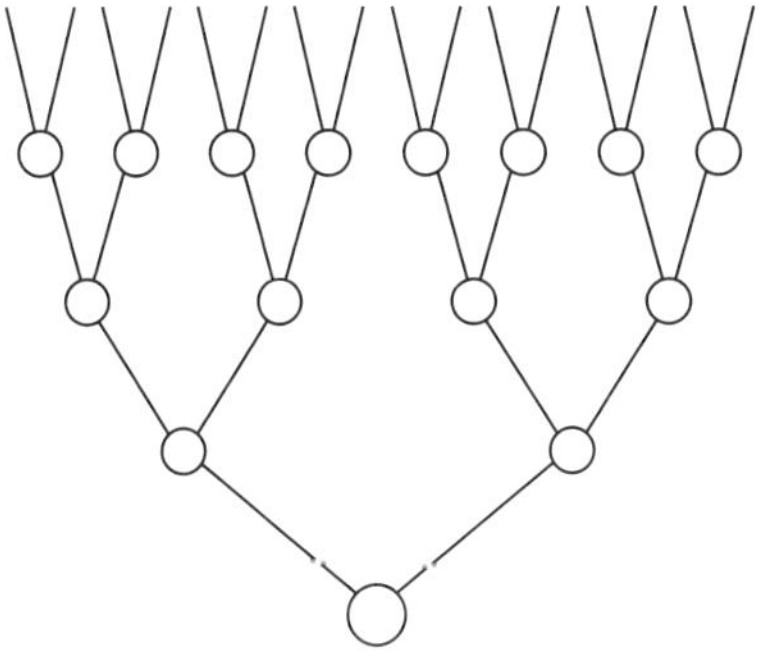

に、そのまたご曾祖父母を生んでくれた幾世代もの祖先のことを想像してみますと、その数は、幾何級数的に、つまり一、二、四、八、一六……というように増加して大変な数になります。このきわめて多くの祖先の人々のうちの、たった一人が欠けていても、諸君はここに存在してはいないのです。

このように考えれば、自分が存在していることが奇跡のように感じられませんか。私どもの存在は、実に、「運命的」なものだということに気づかされるのではないでしょうか。これを運命といわずして、なんといえばいいのでしょうか。諸君は両親を選ぶことはできません。血脈を選ぶこともできません。諸君は、その出生自体が運命的なのです。「運命の中に生きる自己」の確認、この自覚こそが、歴史を学ぶということの第一の意義なのだ、と私は考えます。

諸君は、ご父母はもとより、祖父母、曾祖父母、祖先と、いわば「縦の関係」を通じて連なっています。諸君の肉体や精神、諸君の性差、体つき、性格、その他さまざまな属性は、細胞内に精細に組み立てられた遺伝子の情報伝達メカニズムを通じて、世代間で継承されてきたのです。諸君は、「自分とはなにか」とみずからに問いかけ、「自分とは他の何者でもない自分である」ということを確認したい、そういう欲求をもっているにちがいありません。

アイデンティティという言葉を聞いたことがありますよね。正確にはセルフ・アイデンティティといいます。「自己同一性」と訳されていますが、なんだかぴったりしない訳語です。要するに、いまいいましたように、「自分は他の何者でもない自分である」という自意識、これがセルフ・アイデンティティです。この自意識のことを「自我」といいます。

諸君はいま、二十歳前後の青年期にあります。長い人生における、まさに決定的に重要な自我の形成期、自己の確立期にあります。「自分とは何者か」とみずからに問いかけて、まず思いをいたすべきは、自己を自己たらしめている血族のことでなければなりません。このことは諸君の自我形成と自己確立にとって、きわめて重要なことだと私は考えます。「血族の中の私」、いいかえれば「歴史の中の私」です。「歴史の中の私」とは、もう少し難しくいえば「歴史意識」です。この歴史意識を身につけるためには、諸君が生まれた日本の歴史を学ぶことが不可欠です。

諸君は、いまなにかに迷い悩み苦しみ、逆に、なにかに喜び幸せを感じているはずです。しかし、諸君のご両親もご祖父母もご曾祖父母も、そのまた祖先も、諸君と同じように迷い悩み苦しみ、なにかに喜び幸せを感じてきたにちがいありません。諸君と血縁で連なる人々も、諸君と同様の絶望と歓喜に、時に胸を塞《ふさ》がれ、時に躍りあがっていたのだろうと思います。

人間は、世代がいくつ変わっても、そんなに簡単に変化したり、進歩するものではありません。製造方法、通信技術や輸送技術は恒常的に進歩し、むしろその進歩に追いつくのが難しいほどです。しかし、人間存在は、それほど容易に変化したり進歩するものではありません。

人間が出生し成長し成熟し死にいたるプロセスは、不変です。人生の過程で迷い悩み苦しみ、絶望し歓喜するその個々の人生のありようは、古来、不変のものなのではないでしょうか。「生老病死」というライフサイクルの中で、人間はいつの時代にあっても、同じようなことに絶望し歓喜してきたのでありましょう。著しく進歩したのは、人間社会の「表層」だけです。「深層」の方は、ほとんど変わっていないのではないか、と私には思われるのです。私は、人間の社会は進歩すると考える「進歩史観」の立場をとりません。むしろ人間存在は、同じことを繰り返すものだと考える「循環史観」の立場を支持します。それがゆえに、私どもは、現在をよりよく生きるために、先人の絶望と歓喜の中に学ぶべきを学んで、いまをよりよく生きるための知恵を得たいのです。

話はもどりますが、諸君がいまここに「在」るのは、血族があるからです。この血族は「垂直的人間関係」だといっていいでしょう。先の図をもう一度みていただくと、「垂直的」という形容の意味が、おのずと理解されるものと思われます。

❖水平的人間関係の中の私

さて、諸君はこのように垂直的人間関係の中に生きているのですが、同時に水平的な人間関係の中で生きている存在でもあります。

諸君は、ご両親から生まれ、兄弟姉妹を含む家族の一員となり、地域共同体の成員となり、日本という国家の一人の公民として生きているのです。諸君は、家族を選ぶことも、地域共同体を選ぶことも、国家を選ぶこともできません。もちろん、現在では個人が日本のどこに居住するのかを選択する自由は、権利として与えられています。

特に、都市化という現象、人口の都市への集中移動を通じて、出生地と居住地を異にする人々が多いことは、いうまでもありません。しかし、少なくとも「ふるさと」、出生した地域共同体へのアイデンティティを失っている人は少ないと思われます。

国籍変更は、条件が整えば不可能ではありません。しかし、そういう変更をあえてする人は、少なくとも日本人であれば、よほど特殊な事情のある人なのでしょうね。ほとんどの人々は、両親、家族、地域共同体、国家という、同心円的に広がる人間関係ネットワークの中で生きているのです。

次の図の最も外縁にある国家というものの存在は、諸君が生きていくうえで、そこからは容易に離れることのできない、ほとんど絶対的な存在です。諸君も海外に観光旅行に出かけたり、海外留学をしたりと、外国に出かけた経験はおありでしょう。その際、諸君が必ず携行しなければならないものが、旅券（パスポート）です。これがなければ、そもそも日本を出国することが不可能です。旅券を開くと、次のようなことが日本語で、次いで英語で書かれています。

日本国民である本旅券の所持人を通路故障なく旅行させ、かつ、同人に必要な保護扶助を与えられるよう、関係の諸官に要請する。

日本国外務大臣

The Minister for foreign affairs cf Japan reqests all those whom it may concern to allow the bearer, a Japanese national, to pass freely and without hindrance and, in case of need, to afford him or her every possible aid and protection.

諸君が外国に入国する時には、入国審査官が、この英文を読み、諸君が正当な手続きを経てこの旅券を所持、入国しようとしている日本人であることを確認し、入国許可のスタンプを押してくれるはずです。諸君が日本という国家、その国家の公民であることを離れては、海外との交流はその入り口さえみいだすことができないのです。この事実を考えるだけでも、国家が諸君にとって運命的な存在であることが理解されるはずです。

ついでですが、諸君が旅券の取得を申請する場合には、戸籍謄本を提出することが義務づけられています。A君としましょうか。このA君が、まぎれもなく特定の日本人家族の一員であり、日本の特定の居住地で生まれた人間であることを証明する書類です。両親、家族、地域社会、国家の公民であることが証明されるこの戸籍謄本がなければ、私どもは旅券の発行を受けられないのです。

水平的人間関係の中の私

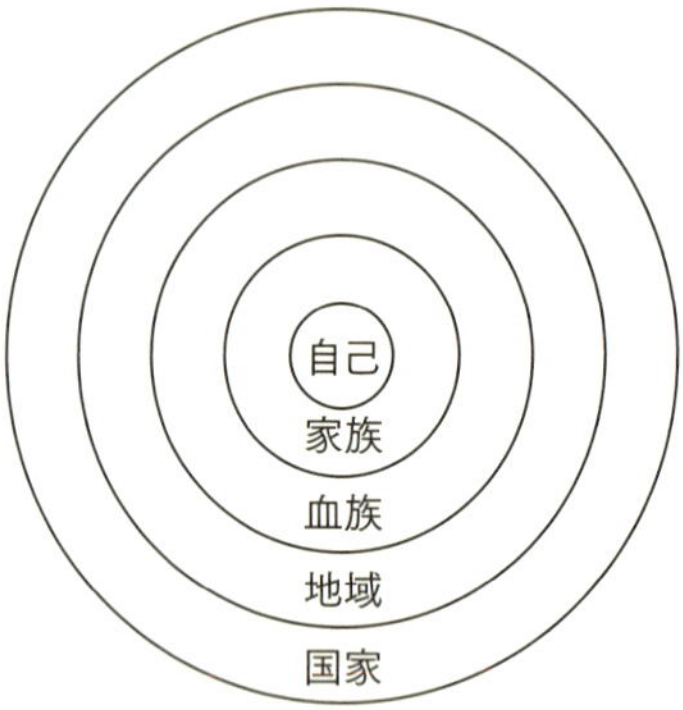

図のような、人間関係の水平的な広がり、ならびにその広がりの外縁にあるものが、疑いもなく国家です。国家というものの存在が、具体的に認識されるのではないでしょうか。

❖組織集団の中の私――校史を学ぶ

水平的人間関係は、私どもが選択することのできない「運命的」なものです。しかし、私どもは、同時に、みずからの意志で選択しながら人間関係の輪を広げていくという別の面をもっています。前者の水平的人間関係は運命的ですが、後者の人間関係は、それを私どもが自分の意志で選び取ることができるという意味で、「人為的」な関係です。

民間企業の例で考えてみれば、その従業員のほとんどは、自分の意志をもってこの組織で働きたいと入社した人々にちがいありません。家族や地域共同体をまったく異にする人々が集まって、それぞれに固有の役割を担いながら、企業という一つの「有機的統合体」が形成されているのです。

小学校、中学校、さらには高等学校あたりまでは、家族や地域共同体の成員の人間関係の中で生活することが多いと思われます。しかし、大学や企業となりますと、出身のいかんにかかわらない、きわめて多種多様な人々との人間関係の中で仕事をこなしていかなければなりません。つまり、私どもは、先の図に描かれたような水平的人間関係とは別の、もう一つの人為的な水平的人間関係をもって存在しているのです。

大学であれ、企業であれ、これらは運命的な人間関係ではなく、志を同じくする人々が自分の意志をもって組成した水平的人間関係なのです。普通の人であれば、人生の大半をその中ですごし、所得を得、家族を養い、いずれは退職していきます。そうであれば、この人為的人間関係の中で、自分に与えられ、さらには自分が求める役割はなんなのか、をつねに考えながら組織にコミットしていくことが重要なのです。

そのためには、人為的組織がもっている、大学であれば「建学の理念」、企業であれば「起業の理念」について深く学ぶことが、充実した人生を送るための不可欠の条件です。もちろん、理念は固定的なものではなく、社会の変化に応じて恒常的に変化させていく必要がありません。そうでなければ、厳しい社会競争の中で組織が生き残ることは難しい。しかし、組織の理念の基本は、そう簡単に変化するものでもありません。

大学や企業の建学、起業の経緯、その後の生成発展のありようを振り返り、未来を設計する。そのための一員としてみずからが「参画」している、という実感をつねに私どもがもっていなければ、人生の大半をすごす組織の中での仕事の「やりがい」は、随分と薄くなってしまうのではないでしょうか。自分が誰の意志でもなく、みずから選択した組織の歴史（校史、社史）を学ぶことは、その成員としての自我形成と自己確立にとって、大変に重要なことだといわざるをえません。

私が、この講義の中で拓殖大学の生成発展について、かなりの部分を割《さ》く理由がそこにあります。拓殖大学はいかなる理念をもって建学され、その建学の理念が大学の教育や研究の中にどう反映され、卒業生たちが社会に対してどういう貢献をしてきたのか。このことを学ぶことによって、現在、拓殖大学で学習している諸君に、いまを生きて「在」ることの意義を実感してほしいのです。

❖「自己と他者」について

次に、国家とはいかなる存在か、というテーマに入っていきます。しかし、その前に、先にもいいましたアイデンティティの形成と確立について、私の考え方をもう少し話させてもらおうと思います。

「自己と他者」ということについてです。私たちは、自分の顔を自分でみることはできません。しかし、自分がどんな顔であるかを知らない人はいませんよね。毎朝、歯を磨いて顔を洗う時に、自分の顔を鏡で確認しているからです。つまり、私どもは自己を鏡に映すことによって、自己確認をしているわけです。

社会生活において自己を映す鏡とは、他者です。他者とまったくかかわりのない、完全に孤独な自己を想像することは難しいと思うのですが、あえて想像してみましょう。おそらく、まったくの孤独状態の中にあっては、自分がどういう存在であるかという自意識は生まれてきそうにありません。

私たちは、他者が自分をどう認識し評価し対応してくれるのか、この他者の認識と評価と対応に応じて、自分とはこういう存在なのだと悟らされ、そうして社会生活を送っているのです。私どもは、そういう社会生活の中で自己を形成しつづける存在なのだと私は考えます。自己は、自己のみを通じて直接的に確認されるのではありません。自己は、他者の眼の中に宿る自己を、間接的に確認しながら形成されていくものです。

私どもは、母親の胎内で生成しこの世に生まれてきます。つまり、そこで私どもが初めて出会う他者が母です。他者であるとはいえ、きわめて密度の濃い「共生的」関係が母子関係です。この母子の共生的関係から少し位置をおいて存在するのが、父です。母とならぶ、もう一つの共生的関係にある他者が父親です。そして、その周辺に、これも多分に共生的な関係にある兄弟姉妹、さらには祖父母がいるはずです。いうまでもなく、これが家族です。この家族関係においては、自己と他者との関係は、それをみずからは選択することができない、そういう意味で運命的なものです。

私どもは、まずは家族という共生的な他者の眼に映る自己を確かめながら、人生を出発させるのです。自己の人生における最初の他者が家族です。この他者に映る自己は、その後の君たちを待ち受ける、多分に緊張を要する人為的な人間関係に比べて、はるかに深い愛に満ちたものであり、「受容的」なものでありましょう。

家族という他者の眼に映る自己が、受容的であることを確認し、そうして諸君は「肯定的自我」を形成していくはずです。逆にいうと、母子関係、父子関係、家族関係がスムーズにいかず、緊張をはらむものであったりすると、「否定的な自我」が形成され、その後の人生の過程で、諸君はさまざまな心理的葛藤《かっとう》に悩まされることになりかねません。

幼児期、児童期を経て、少年・少女期、青年期に入っていくとともに、諸君は、家族とは異質な他者との人間関係を取り結んで生きていかなくてはなりません。小学校、中学校、高校、大学へ進むとともに、血縁や出身地やその他さまざまな属性において異なる人々との人間関係の中で、生きていかざるをえないのです。

高校や大学を卒業していろんな企業、団体、その他さまざまな組織の中で働くようになれば、そこで取り結ぶ人間関係は、一段と複雑で錯綜したものとなりましょう。そうした人間関係の中でも、諸君は他者の眼に自分がどう映じているかを確認しながら、人生の船を漕いでいかなければなりません。きわめて多様な他者の眼に投影される自己を確認しながら、自己の他者への対応を変化させ、自我を確かなものとして形成していかなければならないのです。

「自己を貫く」といえばなんだか勇ましく、潔いことのような響きがあります。しかし、これはとかくたんなる自己満足であったり、他者との間に無用な摩擦をつくり出したりして、結局は、その人を不幸で悲惨な人生に陥らせるはめになりかねません。他者の眼に映る自分をつねに自省的に見据え、柔軟かつ自在に自己を変容させながら、人生をしなやかに送るよう努めること、これが真に「自立した人間」の行動なのだと、私は考えます。

そのためには、家族という人間社会の最も基礎的なところにある共同体、受容的で包容的な共同体への帰属意識をつねに失わないこと、緊張に充ち満ちた他者との人間関係の中で迷い苦しみ悩みながらも、共同体とのつながりを確認することによって、私どもは力強く生きていくことができるのです。

❖日本という国家の「国柄」をどうみるか

次に国家とはなにか、ということに話を進めていきます。私どもはなにより日本人です。日本という国家は、他国とは異なるどういう伝統をもった国家なのか、つまりは日本という国家の独自性、ユニークな「国柄」についてお話ししてみましょう。

そもそも、日本とは他国と異なるどのような固有の体質、つまり「国体」をもった国家なのでしょうか。私は日本の国体は、三つのキーワード、一つは「同質的」、二つは「自成的」、三つは「連続的」という形容で語るのが適切だ、とかねてより考えてきました。

日本は四方を海で囲まれた「海洋の共同体」です。同一の国土の中で、ほとんど同種の人々が、他国では使われていない、その意味で孤立的な言語である日本語を用いながら、生を紡いできました。宗教上の争いが、日本に深刻な亀裂を生じさせたことはありません。第二次大戦直後の一時期を別にすれば、他国の占領下におかれたこともありません。同種の人々が孤立的言語の日本語を使い、宗教上の亀裂もない「同質社会」、これが日本の大きな特質です。こういう「同質社会」は、世界でも日本以外に探し出すことは難しいのではないでしょうか。

日本も、古代律令国家の時代にありましては、国家形成のために中国から多くのことを学びました。しかし、十世紀初頭に唐王朝が滅亡し、それ以来、大陸からの影響力は急速に失《う》せてしまったのです。そして、日本独自の国家秩序が形づくられてきました。七世紀の初めには、天皇という特有の称号と固有の年号が設定されました。そして、国名を「日本」としたのです。以来、現在まで連綿たる歴史が営まれてきました。日本は、世界史上に類例をもたない「同質社会」です。

日本が同質社会であることは、中国と比較してみれば歴然とします。中国の歴史を彩《いろど》るものは、王朝の反復転変史です。易姓《えきせい》革命と呼ばれます。徳を失った皇帝は、新たに天命を授《さず》かった支配者によって命《めい》を革《あらた》められます。これが革命です。また、皇帝の姓も易《あらた》められるのですが、これが易姓です。革命の「革」も、易姓の「易」も、いずれも「あらためる」という意味です。

いずれこの講義でも触れますが、中国では、北方の遊牧民族や騎馬民族による征服王朝が、しばしば出現しました。近くはモンゴルによる征服王朝が元朝、もっと近くになりますと、満州族による征服王朝が清朝です。多様な民族の混淆《こんこう》する「異質社会」が中国です。人類学の用語法でいいますと、同質社会日本の発展が「自成的」、つまり自ら成ったものである一方、異質社会中国の発展は「他成的」、つまり他文明の影響を徹底的に受けて形成されたものだ、ということができます。

それゆえ、日本の歴史が「連続的」である一方、中国の歴史はきわだって「非連続的」です。異民族の征服や反乱、権力内部の大逆や謀反《むほん》に彩られたものが中国史です。これに比べれば、日本ははるかに平穏な歴史を織り紡いできました。同質的で自成的な日本人の体質がそうさせたのであろう、と思われます。先ほど、私が日本を「海洋の共同体」だといったのも、そういう私の歴史意識ゆえです。

この大いなる共同体、同質的で自成的な日本という国のありようを、目に見える形として私どもの前に現出させてくれるものが、天皇です。現憲法では「天皇は、日本国の象徴であり日本国民統合の象徴である」となっています。確かにそういっていいのですが、それだけでは足りません。むしろ、天皇は日本という国家と民族の連綿としてつづく歴史の象徴だといった方が的確であろうと、私は考えます。

平川祐弘《すけひろ》は次のようにいっていますが、これが私の胸には響きます。

「天皇は敗戦後の憲法の定義では国民統合の象徴だが、歴史に形作られた定義では民族永続の象徴である。個人の死を超え、永世を願う気持ちこそ天皇と国民を結ぶ紐帯《ちゅうたい》である」

かねて私の胸の中にあって形にならなかった感覚が、平川先生のこの卓抜な言語化によって霧が晴れたように感じられるのです。

第2講

歴史を学ぶことの意味(2)

——個人は国家を選択することはできない

❖くに、国家、主権国家、近代主権国家

国家とはなんなのでしょうか。国家を構成するものが国民です。この国民が生活する大いなる共同体が、国家です。過去から現代、現代から未来へとつながる国民の文化的、伝統的な共同体が国家です。同質的、自成的、連続的というキーワードで語られる日本は、まぎれもなく大いなる共同体としての国家です。

古い話をしますと、日本でも弥生時代に入るころから、次第に生産力が増加し、日本列島の各地で有力者を中心とした地方権力が生まれました。その有力者が統治する、いくつかの独立的な勢力圏も出現しました。彼らは相互に他の勢力圏と競い合い、戦ったり、協調したりしながら、みずからの勢力圏の拡大に努めます。その勢力圏が「くに」と呼ばれ、国家の原初的な形となりました。

ところで私が、いまここでお話ししようとしていますのは、このような原初的な「くに」という国家ではなく、近代主権国家のことです。近代主権国家とはどのようなものなのでしょうか。

その前に、主権国家とはなんなのでしょうか。一社会を統治する最高の権力が国家にある、そういう国家のことを主権国家といいます。当たり前のことだと思われるかもしれません。し

かし日本という国家が、そのようなものとなったのは、ほんの百五十年ほど前のことにすぎません。

それ以前は、日本の場合、鎌倉幕府の始まりから江戸時代の末期までは武家政権の時代でした。この時代においても、鎌倉幕府や室町幕府、江戸幕府という、次第に強い統一的な武家政権（幕府）が登場するようになりました。しかし、最も強力であった江戸幕府の場合でも、幕府は最高の統治機構ではありましたが、傘下に多数の大名を抱え、これら大名は、幕府から多分に独立した各藩の君主（藩主）でした。諸大名の中で傑出した力をもっていたのが、徳川藩でした。そのために、この江戸幕府は徳川幕府とも呼ばれています。

徳川藩は日本統一の中心的勢力でした。しかし、全国に割拠《かっきょ》する有力藩のうちの一つだったのです。江戸幕府の統治メカニズムが、「幕藩体制」といわれているのはそのためです。幕府を中心的な権力としながらも、各藩が連合してつくられた政治統治のシステムが幕藩体制なのです。

この時代の日本が、統一国家であったことはまちがいありません。江戸幕府はもとより、鎌倉幕府も室町幕府も、統一的な武家政権でした。それゆえ日本が一つの国家であったことは確かなのですが、それではこれが主権国家として認識されていたかというと、実はそうではないのです。

先に「自己と他者」のところでお話ししましたが、自意識つまり自我とは、他者との関係によって初めて認識され確認されるものでしたよね。それとまったく同じように、「日本とはなにか」と問うて「日本とは他の何者でもない日本だ」という明確な自意識が、武家政権の時代の日本にはなかった。そういうといいすぎですが、薄くしか存在していなかったのです。つまり、国家意識が生まれるためには、他者つまり他の国との関係、特に他国との緊張関係がなければなりません。

「江戸二百六十五年の平和」といわれますように、江戸時代の日本は、他国と争ったことはありません。江戸時代の以前においても、日本を占領しようと迫ってくる外国は、元寇《げんこう》などを別にしますと、ほとんどありませんでした。そのために、日本が外国の侵入によって危機におちいるような事態は、ペリーの「黒船来航」までは、ほとんど起こらなかったのです。日本は、実にこの「黒船来航」に始まる一連の対外的危機によって、「主権国家」としての自意識の必要性に徹底的にめざめさせられたのです。

欧米で、王政を倒す市民革命を成し遂げ、国力と軍事力を格段に強化させた産業革命の結果として登場した国家が、主権国家です。ペリーの黒船来航とは、日本に主権国家たることを決意させた一大事でした。この一大事に直面して、日本の指導者は、主権国家を主権国家たらしめている政治体制、国力と軍事力などを、日本も身につけなければ、彼らとは対抗できないと考えたのです。

この指導者たちが、主権国家の観念を新たに欧米から「輸入」して、明治維新という日本の新しい国づくりの運動を開始したのです。日本を主権国家へと変じさせたのは、幕末から明治維新を通じての対外危機だったのです。

ところで、私がお話ししようとしているのは近代主権国家です。「近代」という形容がついているのはどうしてなのでしょうか。実は、欧米諸国もかつての時代にあっては、主権国家ではありませんでした。欧米諸国が主権国家として登場したのは、「近代」になって以降のことなのです。主権国家とは近代の産物です。

十世紀の終わりごろから、「ウェストファリア条約」が締結されるまでの欧州では、神聖ローマ帝国と呼ばれる超国家的な中世の宗教権力が、欧州の全域に強力な影響力をもって、君臨していました。各国は存在していましたが、それぞれが独自の政治的統合体ではなかったのです。

この神聖ローマ帝国は、宗教改革やルネッサンス運動を通じて、次第に力を衰微させます。神聖ローマ帝国からの自立を求める各国間の複雑きわまりない「三十年戦争」(一六一八～四八年)によって、この帝国は最終的に消滅してしまいました。

三十年戦争後のヨーロッパにおける国際秩序を定めた、各国間の一連の講和条約がウェストファリア条約です。ウェストファリア条約が、後世の世界史にとって決定的な重要性をもつことになったのは、この条約によって、初めて近代主権国家ならびに近代主権国家間の関係秩序が誕生したからなのです。

中世的な神の権力を背景にした、教皇を頂点とする中央集権的な秩序、つまり神聖ローマ帝国が崩壊し、以来、特定の領土の上に君臨する唯一の合法的な権力が、主権国家によって独占されるようになったのです。このことは同時に、主権国家が時に勢力均衡を求め、時に覇権を求めて、鋭く競い合う国際関係が生まれたことをも意味します。

中世が終わり、近代の出現を画期づけたものが、この主権国家の登場なのです。近代主権国家からなる国際秩序は「ウェストファリア体制」と呼ばれています。現在の国際関係の基本もなお、この体制の下にあるといわざるをえません。

近代主権国家とは、特定の領土、国民をもち、他国の干渉や支配を受けず、他の主権国家と対等な関係を取り結ぶ国家のことです。近代主権国家の存在理由は、国民の生命と財産を守護することにあります。

特に重要なことを繰り返しますと、近代主権国家は相互に対等な関係をもつ、ということです。後でも、問題になりますので理解しておいて下さい。明治維新を経て日本が欧州から導入したものが、この近代主権国家という観念だったのです。

❖対外危機と国家意識

ウェストファリア体制下のヨーロッパにおいて成立したのが、近代主権国家だといいましたが、ちょっとフライングでした。欧米諸国が「近代」と呼ばれる時代に入ったのは、市民革命と産業革命という二つの革命を経てからのことです。欧州各国は神聖ローマ帝国という宗教的な中央集権体制から自立はしたものの、各国の政治には、絶大な権力をもつ国王や皇帝が君臨することになりました。「絶対王政」といわれますが、覚えていますよね。

しかし、この絶対王政は、次の時期には相次いで倒されていきます。国王や皇帝に対する国民の権利を認めさせ、そのためには議会の権限を強めるための運動、しばしば強いナショナリズムをともなう運動によってです。これが市民革命です。イギリスの名誉革命、フランス革命などがその好例として、しばしば引き合いに出されます。

この時代には、各国の生産力にも大きな変動が生じました。産業革命です。蒸気機関が発明され、これで紡績機を動かし、綿布が大量に生産されるようになりました。製鉄、鉄道、造船その他の機械産業で革新的な技術が集中的に開発されました。こうした革新的技術は、各国の軍事力を飛躍的に強化させたのです。各国の生産力は国内需要を超過し、海外に市場を求めるようにもなりました。また、国内生産力の拡大は、その原材料を海外に求めるという衝動をも強めます。

市場の拡大と原材料の確保を求め、人口と自然資源の豊富なアジアが、欧米諸国の格好の標的となりました。イギリスはインドを植民地化し、次いで中国に照準を定めます。イギリスが中国から輸入する茶の代金として、インド産アヘンを中国に輸出するという、あくどいことまで平然とやったのです。イギリスは、アヘン輸入を禁止する清国との戦争に入りました。イギリスは、この戦争に勝利して清国との間に南京条約を結び、中国沿海部の枢要な都市を開港させ、多額の賠償金と香港島の割譲を受けたのです。これが一八四〇〜四二年のアヘン戦争です。

アヘン戦争は、平穏な鎖国下の日本、特に、江戸幕府や有力諸藩の指導者や知識人に強い衝撃を与えました。欧米諸国の軍事力を前に、こんな平穏な日本のままで打ち過ごしていれば、やがて清国と同じように欧米諸国の餌食《えじき》にされてしまいかねない、という危機感でした。差し迫った脅威がアメリカからやってきました。ペリーの黒船来航です。アヘン戦争から十三年後の、嘉永六年（一八五三）六月のことでした。ペリーは、アメリカ大統領フィルモアの、日本の開国と通商を求める国書を携えてやってきたアメリカ東インド艦隊の司令官です。彼は一〇〇門の大砲を装着した四隻の艦隊を引き連れて、浦賀に姿を現したのです。

翌年、ペリーは七隻の艦隊を率《ひき》いて、さらに強い圧力を日本にかけました。江戸幕府はいかんともし難く、ついに「日米和親条約」を締結させられるはめとなりました。この条約により、静岡県の下田にアメリカの領事館が設置され、そこでの交渉により安政五年（一八五八）には、日米修好通商条約が結ばれるのですが、これは日本にまことに不利な不平等条約でした。

アメリカからの輸入品に課す関税の率を決定する権利、つまり関税自主権が日本には与えられなかったのです。開港し通商を開始すれば、日本と往来し、日本に居住するアメリカ人が当然増えますが、彼らが日本国内で罪を犯しても、日本の法律は適用されず、アメリカ領事がアメリカの法律に則《のっと》って裁判するというのです。つまり、領事裁判権をも日本は認められなかったのです。治外法権です。

これをみていたオランダ、ロシア、イギリス、フランスが同様の不平等条約を次々と日本に要求し、日本はこれを飲まざるをえませんでした。一言でいえば、欧米諸国にとって、日本は対等の資格をもった「文明国」とはみなされていなかったのです。往時の日本人にとっては、まことに屈辱的なことであったにちがいありません。

日本が不平等条約を押しつけられた当時は、帝国主義時代と呼ばれています。この時代にあっては、世界は大きく「文明国」と「未開国」の二つに分けられる、というのが欧米人の考え方でした。輝く光をもつ文明国と、その光がまだ届かず未開のままにおかれている国という二分法です。文明国のみが理性的で道徳的な存在であり、彼らだけが対等な国際関係をもつ国です。万国公法が適用されるのは、文明国相互だけだと考えられていたのです。

未開国は非理性的かつ不道徳な存在でしかなかったのです。したがって、文明国は未開国を征服して、彼らを「教化《きようか》」する必要があるというわけです。文明国たる欧米諸国が未開国に武力をもって迫り、それを開国させることにまったく躊躇《ちゆうちよ》がなかったのは、彼らがそういうイデオロギーをもっていたからです。アジア諸国のほとんどが未開国であり、日本や清国がわずか「半文明国」だと認識されていた程度です。

ひどい考え方だといってしまえばそれまでですが、善悪の問題ではありません。当時の万国公法、つまり国際法がそのような考え方にもとづいていた、という事実を述べたまでです。欧米諸国が日本に不平等条約を迫ったのは、要するに日本が彼らと対等な文明国だとはみなされていなかったからなのです。

❖尊皇攘夷は一瞬の花火のようなものだった

江戸幕府が、こういう屈辱的な不平等条約を結んだことに対する、武士と知識人の憤激の思想と運動が、「攘夷《じようい》」です。当時の有力藩である薩摩藩と長州藩（薩長）が、攘夷運動の中心的勢力でした。

武家政権として長らくつづいた江戸時代においても、天皇と朝廷には、武力に裏づけられた権力はありませんでした。しかし、天皇と朝廷に対する幕府と国民の崇敬《すうけい》の念は強く、天皇の権威は高く維持されていました。それゆえ天皇は、幕末のような混乱期においては、新たに国家の政治的凝集力の中心となりえたのです。攘夷が、尊皇攘夷と呼ばれるようになったのはそのためです。

ところで、ここが日本史の実にみるべきところなのですが、攘夷の方は、欧米の圧倒的な軍事力を前に、瞬間の花火のごとく、一時は過激ともみえる盛り上がりをみせたのですが、すぐにしゅんと消えてなくなってしまったのです。

攘夷とは、「夷」である外国を打ち払う（攘）ことです。薩摩藩の大名行列を乱したイギリス人を薩摩藩士が殺傷した事件が、生麦《なまむぎ》事件です。イギリスは、報復のために艦隊を鹿児島湾に送り、鹿児島城下の砲台を簡単に破壊してしまいました。薩英戦争と呼ばれていますが、戦争というほどのものではありません。一瞬のうちに勝負がついてしまった戦いでした。長州藩も下関（関門海峡）を通る外国船に砲撃を加えましたが、英米蘭仏四カ国連合軍による攻撃によって、たちまちのうちに砲台が占拠されてしまいました。

率直にいって、ひとたまりもなかったのです。日本の大砲から放たれる弾丸は、ただの鉄の塊《かたまり》でしたが、欧米艦隊の砲弾の中には火薬が装塡《そうてん》されていて、その破壊力にはすさまじいものがありました。

ここにおいて薩長は、欧米の軍事力の圧倒的な力量を認めざるをえませんでした。自分たちが欧米文明国と対抗する勢力になるには、欧米の文明国を文明国たらしめているその「文明」そのものを、自分たちも手に入れなければどうにもならない。そういうふうに考え方を反転させたのです。

欧米諸国という他者の眼に宿る自己をかえりみて、新しい自我形成を図ろうとした人々が維新の志士たちです。下関攻撃を受け、みずからの無謀を悟らされ、非力《ひりき》を嘆いたのが、後の明治維新の主役の一人となる山縣有朋《やまがたありとも》、伊藤博文、井上馨《かおる》などです。彼らは攘夷論を瞬時に反転させたのです。

不平等条約に甘んじた幕府を倒し、欧米に匹敵する国家建設をめざそうという、新しい運動が始まりました。尊皇攘夷運動において主導権を競い合ってきた薩摩藩と長州藩が、同盟を結びました。これに佐賀藩や肥前藩（佐賀）なども加わって、倒幕運動が本格化していきます。本格化する倒幕運動を前に、江戸幕府もまた幕府政治の維持は困難と判断し、「大政奉還」により政権を朝廷に返上したのです。そして、慶応三年（一八六七）十二月、天皇を中心とする新政府樹立を内外に宣詔《せんしょう》する「王政復古の大号令」が発せられ、同時に江戸幕府は二百六十五年にわたる治世の幕を閉じることとなりました。

旧幕府軍と官軍（新政府軍と倒幕軍）の戦いは、その後も戊辰《ぼしん》戦争としてつづきますが、官軍優位の状況が変わることはありませんでした。数千人の旧幕府軍が江戸城に立てこもり、これを一万余の官軍が包囲し、一触即発の事態となりました。その時に、官軍参議の西郷隆盛が幕府陸軍総裁の勝海舟と会談して、江戸城の無血開城がなされました。このことは、きわめて重要なできごととして特記されねばなりません。

当時、イギリスは官軍に、フランスは幕府軍に武器や資金の提供を申し出ていたのです。しかし、両軍とも外国の介入を拒否しました。江戸城の無血開城により、外国勢力のつけ入る隙を両軍ともまったく与えなかったのです。無血開城に導いた西郷と勝の間には、外国の介入は断じて許さないという点において、無言の合意があったのではないかと想像されます。

当時、イギリスとフランスは、戊辰戦争における官軍と幕府軍のいずれが優勢であるかを仔《し》細《さい》に分析しており、戦争の帰趨《きすう》、戦後のみずからの立場を有利なものとするために、さまざまに画策していたのです。もう一度いえば、急迫時における外国の介入が日本に大きく深刻な亀裂をもたらすことへの、二人の指導者の強い懸念が、江戸城無血開城をもたらしたのです。「独立自尊」へのこの強力な意志が、日本をアジアの他国のように、外国勢力の保護領化や植民地化におとしめることを回避させたのです。

インドはイギリス支配を受け、中国も香港島割譲に始まり、中国沿海の主要都市の租界地化を許しました。当時、列強は、タイを除くすべてのアジアの国々を植民地支配の下においていたのです。マレーシア・シンガポールはイギリスに、インドネシアはオランダに、フィリピンはスペインに、ベトナム・ラオス・カンボジアはフランスに、といった状態でした。このアジアにあって、日本のみが独立を保ちえたのは、指導者に独立自尊の精神が強かったからだ、ということができます。

慶応四年（一八六八）三月、明治天皇が「五箇条の御誓文」を発表されました。誓文というのは、天皇の始祖に始まり先代にいたるまでの皇祖皇宗に、天皇が誓いを立てられることです。五箇条のうち、第一条が「広ク会議ヲ興シ万機公論ニ決スベシ」です。第五条が「智識ヲ世界ニ求メ大《おお》ニ皇基ヲ振起スベシ」です。皇基とは、天皇が国を治める基礎という意味です。

明治維新は王政復古だといわれますが、アンシャンレジーム（旧体制）への回帰ではまったくありません。このことが、第一条に明確に示されています。後の自由民権運動や大正デモクラシーなどは、この「五箇条の御誓文」に発するものです。また、攘夷などとはまるで無縁の、世界に開かれた日本が宣せられたのです。第五条でそれは明らかです。文明国の文明そのものを積極的に導入して、国の基盤を強化せよ、とうたわれているのです。

ここからが、日本の国づくりの出発です。国づくりのテキストはありません。ともかくもまずは、幕藩体制の改革です。この国づくりの起点における新政府の動きは、迅速かつ果敢でした。明治二年（一八六九）には、「版籍奉還」がなされます。「版」とは領土のこと、「籍」とは領民のことです。藩に属していた領土と領民が、朝廷に返還されたのです。次いで、明治四年には藩主の行政権を取り上げ、藩そのものを廃止して、中央から新たに任命された県知事に地方行政を任せるという「廃藩置県」を実施しました。

農民が領主に納めていた年貢も、中央政府に納めさせるようにしました。土地の私有化を進め、地価の三パーセントを地租として、これを現金で中央政府が徴収するという形となって、財政基盤を整えました。明治五年には学制を敷き、小学校が義務教育となり、明治六年には徴兵令を出して、近代主権国家の体裁を急速に整えたのです。

アジアの国々が次々と欧米列強に屈し、その植民地として隷従させられる中にあって、日本も欧米に匹敵する軍事力増強に努めなければ国の独立が危ういという認識、この認識には強烈なものがありました。軍事産業というものは、艦船の例をみればわかりますように、すべての産業を網羅した、要するに一国の総合生産力を要します。「富国強兵」は「殖産興業」でもあったのです。富国強兵・殖産興業は、日本が真に自立的な主権国家となるための不可欠の条件でした。

政府は外国の資本に頼ることなく、自力で殖産興業を図ることを決意しました。明治三年には殖産興業推進のための中央政府部局として工部省を創設、その管理下で鉄道、鉱山、電信、工作機械の産業育成を、急遽《きゅうきょ》、進めました。東京、大阪の砲兵工廠《こうしょう》、横須賀や長崎の造船所が整備されました。軽工業部門でも、有名な富岡製糸工場のような官営工場を設立しました。その他、さまざまなハード、ソフトの両面における近代化が花開いたのです。

❖領土の確定

近代主権国家となって、対外的にまず必要なことは、領土の確定です。確定された領土、その領土の中で暮らす公民たる国民の生命と財産を守ることが、近代主権国家の近代主権国家たるゆえんだからです。

領土の確定のためには、近接する国々との取り決めがなされなければなりません。そのうえで、公式の外交が開始されるわけです。最初の領土確定がロシアとの間でなされました。安政元年（一八五五）に日露和親条約を結び、千島列島については択捉《エトロフ》以南の、国後《クナシリ》、歯舞《ハボマイ》、色丹《シコタン》が日本領、択捉より北方の島々がロシア領とされました。

しかし、樺太（サハリン）には、日露両国の国民が共住しており、そのために境界が設定されずにおりました。そこで、改めて明治八年に日露両国は、樺太・千島交換条約を結んで、樺太をロシア領とし、そのかわりに千島列島のすべて、歯舞、色丹、カムチャツカ半島南端に近い占守島《しゆむしゆとう》にいたるまでの島々を、日本の領土として確定したのです。さらに、いずれお話しすることですが、明治三十七年に日露戦争が勃発し、これに勝利した日本が樺太の北緯五〇度以南の割譲《かつじょう》を受けることになります。

ちなみに、現在、北方領土問題といわれているものは、第二次大戦の末期、昭和二十年（一九四五）八月九日に、ソ連（現在のロシア）が日ソ中立条約に違反して対日参戦し、すでにポツダム宣言を受諾して日本が戦闘を終了させている八月二十八日から九月五日までの短期間に、樺太の北緯五〇度以南ならびに北方四島を含む千島列島のすべての島々を、軍事占領したことによって生まれたものです。ソ連の不法占拠をいかにして解《と》かせるか、というのが現在の北方領土問題の本質です。

明治四年には、清国との間で日清修好条規を結んで、正式な国交が始まりました。琉球（沖縄）は、明治五年に日本の領土とされ、明治十二年に沖縄県に編入されました。また、明治九年に小笠原諸島も日本の領土として確定され、国際的にも日本の領有が認められました。

❖「自国と他国」

いったい、日本は明治維新後の短期間に、どうしてこれほど急速に近代主権国家への道を驀《ばく》進《しん》できたのでしょうか。ほとんどのアジアが欧米列強の植民地支配の下におかれ、凄絶な苦しみを味わわされる一方で、日本のみが独立を保ち、かつアジアで唯一の「文明国」たりえたのでしょうか。真剣に考えてみる必要があります。一言でいえば、列強の侵略から日本を守り抜こうという、指導者の固い意志です。この指導者の意志に国民も深く傾倒して、国づくりに懸命の努力を注いだのです。

ここでのキーワードが、再び「自己と他者」です。自己は、自己のみを通じて直接的に認識されるものではありません。他者という鏡に映して、間接的に観察されるものが自己でしたよね。ここでは自己を自国、他者を欧米列強といいかえてみましょう。

日本が、江戸時代を通じて平穏な時代をすごし、欧米のそれに勝るとも劣らない成熟した社会と文化をつくりあげてきたのは確かなことです。しかし、この平和の中で、日本は欧米列強に競合できるような産業力や軍事力を整えてきたわけではありません。日本は「海洋の共同体」です。四方を海で囲まれ、海によって守られ外敵の存在を意識することなく、国内の統治に万全を期していけば、日本の平和はおのずと守られてきたのです。少なくとも幕末まではそうでした。「自分とはなにか」というセルフ・アイデンティティが、日本には薄くしか形成されていなかったのです。

アヘン戦争によって香港島がイギリスに奪取され、あの大国の清国が列強によって次々と蚕《さん》食《しょく》されていくさまに目を見開かされ、ペリーの「黒船来航」によって強烈なインパクトを日本は受けたのです。新しい自我形成という点において、日本の指導者のありようは実にみごとでした。列強の眼に映る日本は、文明国ではない。だからこそ、不平等条約を押しつけられたのだ。われわれはインドや中国のように列強の言いなりにはならないぞ、という気概です。危機から日本を脱却させるには、近代主権国家としての内実を整備し、みずから文明国となるより他に道はない。そういう新しい自我が形成されたのです。

こういう自我が形成された国と、形成されなかった国との対照を、ここで一つみておきましょう。往時の朝鮮（李朝）は、日本の江戸時代と同じように鎖国体制をとっておりました。列強によって開国要求を突きつけられたことは、朝鮮も日本と同様です。この開国要求に対する日本の反応が「尊皇攘夷」でしたが、朝鮮も「衛正斥邪《えいせいせきじゃ》」という排外主義を採用しました。衛正斥邪とはなにかというと、「正」を朝鮮の儒学とし「邪」を夷狄《いてき》として、「正を衛《まも》り邪を斥《しりぞ》ける」という思想です。

ところが、日本の尊皇攘夷の方は、黒船来航、薩英戦争、馬関戦争にもろくも敗れるという経験を経て、攘夷は無謀であり亡国につながると、ただちに考え直しました。そして、逆に、列強を列強たらしめている「文明」そのものの受け入れに必死となり、近代主権国家の内実を整えていったのです。しかし、朝鮮はそうではありませんでした。みずから原理主義的に正しいと信じる儒学を徹底的に守り、そのために鎖国体制と中央集権的な君主制を強化して、「内にこもる」政策をとったのです。近代化に背を向けてのアンシャンレジーム（旧体制）の強化でした。

日本は、明治の時代に入るや、ただちに「五箇条の御誓文」を出しました。その第五条が「智識ヲ世界ニ求メ大ニ皇基ヲ振起スベシ」でした。この対照は、近代化に向かう指導者の意識のちがいを示して、きわめて鮮明なものがあります。

❖岩倉使節団という壮挙

さて、日本ですが、列強を列強たらしめている物的生産力や社会制度や法律とは、いったいいかなるものか、このことを実際に観察してやろうと、いま振り返れば信じられないような大胆な行動に出たのです。その行動が、日本の近代化のありようを決定しました。諸君も耳にしたことがおありでしょうが、岩倉使節団のことです。

岩倉具視《ともみ》は、倒幕運動に参加した公家で、維新後は右大臣として行政のトップに立っていた人でした。この岩倉を特命全権大使として、木戸孝允《たかよし》（桂小五郎）、伊藤博文などを副使とする明治維新の主役を中心に、使節団四六名、随員一八名、留学生四三名からなる大デレゲーションを組んで、アメリカ、イギリス、フランス、ドイツ、ロシアその他全一二カ国を、実に一年九カ月にわたり訪問し、精細な観察を繰り返したのです。新生明治政府それ自体が、ユーラシア大陸を長駆《ちょうく》一巡したかのごとき壮図《そうと》でした。

その全記録が、随行した久米邦武による『米欧回覧実記』という、全一〇〇巻に及ぶ報告書

岩倉使節団経路図

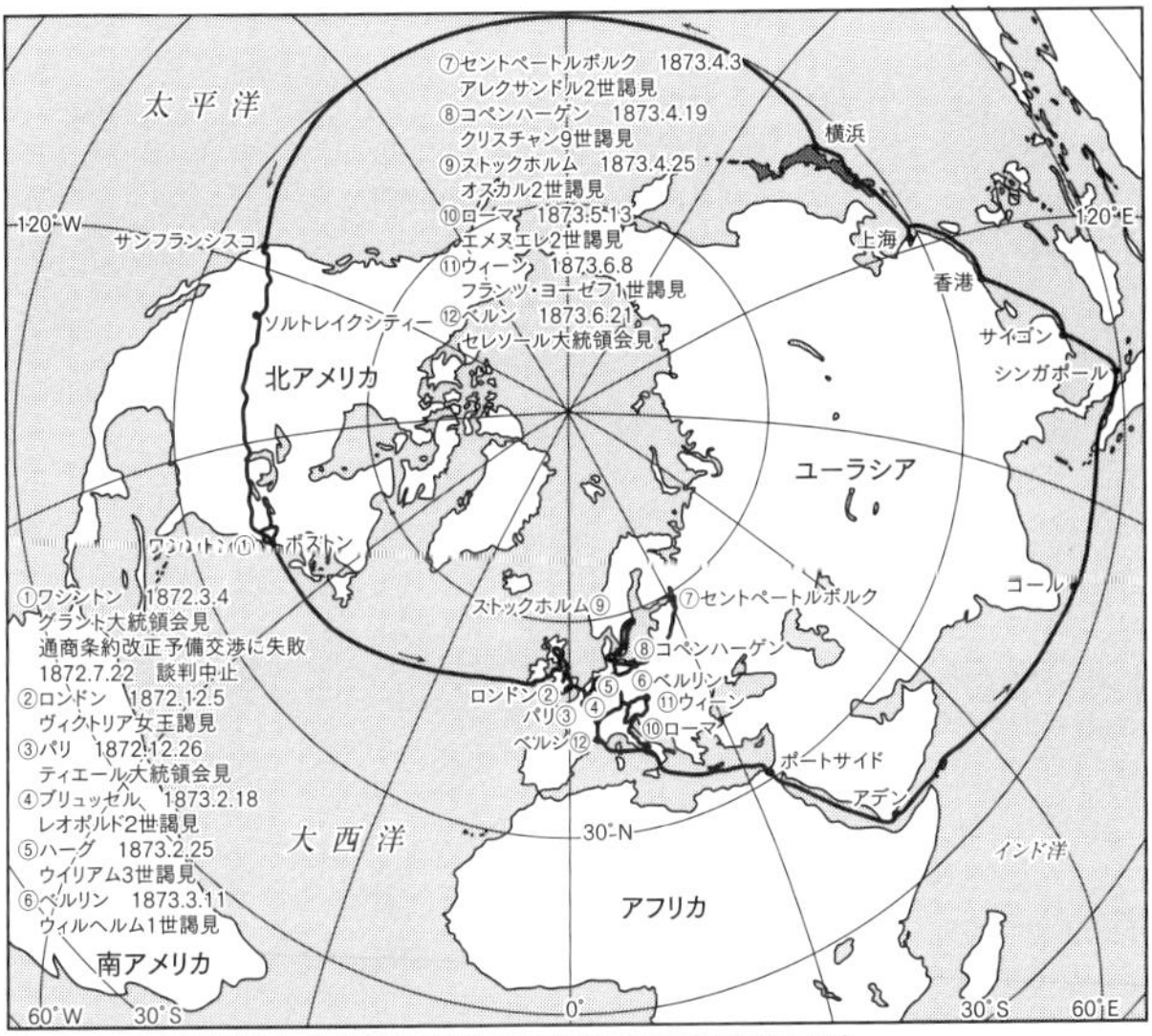

出所：田中彰著『岩倉使節団「米欧回覧実記」』（岩波現代文庫）

となったのです。これにもとづいて書かれた田中彰『岩倉使節団「米欧回覧実記」』（岩波現代文庫）に掲載されている、岩倉使節団の旅程を経路図として描いた図をみてみましょう。太平洋を経てアメリカ大陸を縦断し、大西洋を渡ってイギリスに入り欧州各国を歴訪した後、スエズ運河、インド洋、マラッカ海峡を通り、日本にいたるという軌跡が描かれています。壮挙とは、こういうことをいうのでしょうね。

　使節団の出発は明治四年十一月十二日、帰国は明治六年九月十三日です。維新の三傑と後世いわれたのは大久保利通、木戸孝允、西郷隆盛ですが、日本に残留したのは西郷のみです。

岩倉らの出発した明治四年といえば、その七月に、不測の事態を想定して一万人にも及ぶ御《ご》親兵《しんぺい》を集めたうえで廃藩置県を敢行して、幕藩体制を切り崩したばかりの時期でした。これに不満をつのらせる旧藩の諸勢力が、各地で反抗の刃《やいば》を研いでいたのです。常識的に考えれば、新政府の中枢がこぞって二年近くも日本を留守にすることなど、想像さえできない不穏な時期にもかかわらず、明治政府はそれをあえてやったのです。

どうしてでしょうか。廃藩置県がなり、旧体制は崩れたとはいえ、どういう国づくりをやったらいいのか、明治政府にはその具体像がどうしてもつかめない。そこで、文明国の文明国たるゆえんを、新政府の執行部自身が自分の目で、じっくり観察しようということになったのです。

幕末に強圧的に結ばされた不平等条約の撤回を求めることも、使節団の大きな目的でした。しかし、最初の訪問国、アメリカで不平等条約改正は時期尚早であることにすぐ気づかされます。条約改正には、国内統治を完全なものとするための法制度の整備、生産力と軍事力の増強を図ることが不可欠である。欧米列強と対等なレベルの文明国にならなければ、条約改正は困難だと悟らされたのです。

大陸横断鉄道、造船所、紡績工場、倉庫、石畳、水道、博物館、図書館、ガス灯、ホテル、アパート、総じて産業発展の重要性を悟らされました。さらには共和制、立憲君主制、徴兵制、議会制度、政党政治、宗教など、実に、ありとあらゆる文明の諸側面について学び、これらが厖大《ぼうだい》な『米欧回覧実記』に記されたのです。

この使節団の実感を一言でいえば、文明国のもつ文明の圧倒的な力であったといっていい。その後の富国強兵・殖産興業政策が、さらには憲法と議会制度が次々とあきれるほどの速さで実現されていったのには、岩倉使節団の体得した知恵があったからだといっても過言ではありません。

大久保利通が副使として使節団に加わったのは、薩摩藩の無二の親友であった西郷隆盛が「留守政府」を固く守ってくれることを誓ったからでした。しかし、使節団の訪欧米中に、この二人の間には建国をめぐる思想において、決定的なちがいが生まれてしまいました。日本による開国要請を断固拒否する朝鮮に「征韓論」をもって迫る西郷に対して、帰国後の大久保は目下は戦争を引き起こしかねない征韓論で朝鮮とことを構える余裕はない、文明国たるべく、全力を富国強兵・殖産興業に注ぐべきだと主張しました。

征韓論を軸に、二人の考えは正反対の立場となってしまったのです。大久保の欧米視察が、大久保の建国思想に大きな影響を及ぼしたことを示す、興味深い事実です。廃藩置県後のそのころは、旧武士の不平不満が各地で反乱を惹起《じやつき》していました。薩摩藩士族を中心とする反政府運動が、西郷を擁して官軍と戦った戦争が、明治十年の西南戦争です。西郷はこの戦争に敗北して自刃。

建国の思想を異にしてしまったとはいえ、私心をまったくもたない西郷を心から崇敬していた大久保は悲嘆にくれます。この大久保も翌年、旧士族によって暗殺されてしまいました。明治維新を導いたこの二人の死によって、維新後の不穏な状況は収まり、後は帝国明治近代化への道を日本は驀進することになるのです。

話は少し後のことに飛びますが、その後の日本は、明治二十二年に大日本帝国憲法を発布します。この憲法には、衆議院議員を選挙によって選んだうえで帝国議会を開催する旨《むね》をうたっておりました。翌二十三年には第一回衆議院選挙が施行されます。そうして日本は、近代主権国家の内実を整備していったのです。幕藩体制を脱して王政復古の明治維新がなり、版籍奉還、廃藩置県を経て、憲法制定、議会制度の確立、普通選挙制度の導入などとつづきました。新政府は、近代主権国家の基本的枠組みを明治時代の中ごろまでに、アジア諸国はもとより、欧米諸国にとってさえ、きわめて例外的とも思われる速度でつくりあげていったのです。

第3講

中国の国際秩序観念——日本の挑戦

❖華夷秩序・冊封体制とはなにか

開国・維新以来、明治の日本を終始悩ませつづけたのが朝鮮でした。当時の朝鮮は、清国と君臣の関係にありました。清国が君主であり、朝鮮はその臣下です。清国の朝鮮に対する影響力には、圧倒的なものがありました。朝鮮内部で内乱や大逆などが起こりますと、清は大量の兵力を朝鮮に送り込んだりしていたのです。

これでは、対馬海峡ひとつ隔てるだけの日本は、不安でたまりません。清国と朝鮮との君臣関係を断ち、朝鮮を真の独立国家とし、その近代化に助力の手を差しのべよう、というのが日本の往時の指導者の考えでした。

朝鮮半島は、ユーラシア大陸から日本の脇腹に向けて突きつけられた一本の鉈《なた》のような形状をしています。中華帝国、ロシア帝国、モンゴル帝国などのユーラシアの強大国が日本への勢力伸長を図ろうという場合、必ず朝鮮半島を通過します。そのために、朝鮮が日本の敵対国となったり、敵対勢力の影響下におかれることは、日本としてはこれを許すことはできなかったのです。地政学上の宿命です。

ここで少し回り道をします。中国という巨大な国土と厖大《ぼうだい》な人口を擁する国が、周辺諸国とどんな関係をもっていたのか。また、そういう関係をもたらした中国の伝統的な国際秩序観念とはどういうものか。このことを考えておく必要があります。往時はもとより、現在の日中関係や中国と周辺諸国との関係を考えるためにも、この考察は必要です。

「華夷秩序」といわれる中国に伝統的な考え方があります。現在まで引き継がれている観念でもあります。

黄河という長大な河がありますよね。その中下流域、現在の省名でいいますと、河南省を中心とする比較的平坦な地域があります。華北平原です。華北平原は「中原《ちゅうげん》」と呼ばれ、ここが中華文明の発祥の地だといわれています。中華王朝の支配者とは、この地域を征服した者です。諸君も「中原に鹿を逐《お》う」とか、「中原に覇《は》を競う」といった言葉を聞いたことがあるかもしれません。「中原に鹿を逐う」の「鹿」とは、王朝の支配者、中華王朝の皇帝、つまり「天子」のことです。天子とは、天からこの世を支配する命《めい》を受けた者です。

古代より、この中原が「中華」だと考えられてきました。この中華を漢族が取り囲み、さらにその外に住まう人間は、夷《い》、狄《てき》、戎《じゅう》、蛮《ばん》です。これらは「四夷《しい》」ともいわれる、文明において大きく劣る人間だとみなされました。次図のようですね。北狄とは、モンゴルなどの遊牧民族や騎馬民族のことを指します。その侵入を食い止めるために厖大なエネルギーをもって建造されたものが、万里の長城です。

中国の王朝は、漢族のみによってつくられてきたのではありません。モンゴル族による征服王朝が元王朝でした。もっと近くは満州族によって打ち立てられた清王朝、これも征服王朝です。清王朝は、十七世紀中ごろから一九一二年までつづいた、中国史上最大の版図《はんと》を築き、最高の栄華を謳歌《おうか》した王朝です。欧米諸国が市民革命と産業革命を経験する以前に出現した清王朝は、世界で圧倒的なプレゼンスをみせつけました。それゆえ、清王朝は大清帝国とも呼ばれたのです。

康熙《こうき》帝、雍正《ようせい》帝の時代を経て、乾隆《けんりゅう》帝の時代に最盛期を迎えました。モンゴル、チベット、ウイグルはこの時期に清国に組み込まれたのです。面積で測りますと、清王朝はその前の明王朝の三倍に近い。モンゴル族、チベット族、ウイグル族は、人種、宗教、言語からみて、漢族とはまったく異質です。清王朝を樹立したのは満州族です。いわば満清連合政権の支配下で、多様な異民族が清王朝の中に包摂《ほうせつ》されたのです。

この大清帝国における国際秩序観念が、「華夷秩序」、「冊封体制」と呼ばれるものです。「冊封体制」とは、中華の礼式に服し、その見返りに王位を授けられ、領土を与えられて、領民の統治を王朝の天子から委ねられるという、そういう固有の国際秩序です。

そして、ここが重要なところですが、冊封体制下に組み込まれたのは、王朝内の異民族ばかりではありません。異国の朝鮮やベトナムもその体制に組み入れられたのです。朝鮮は清国との華夷秩序・冊封体制の下におかれ、先ほどいったような君臣関係を結ぶことになったのです。

伝統中国の国際秩序観念図

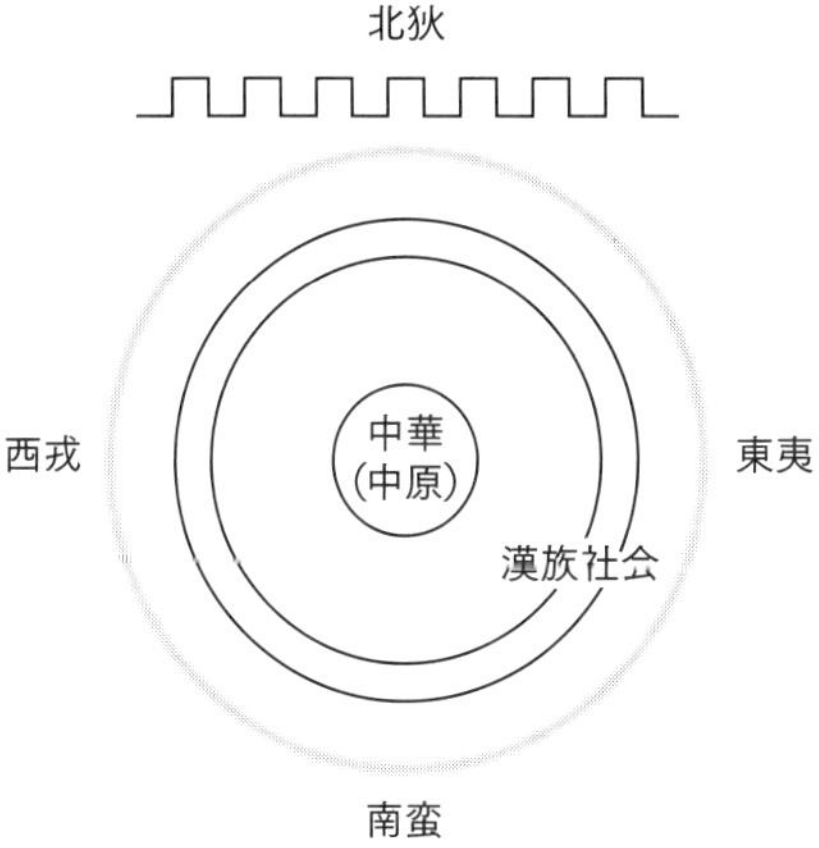

大清帝国の国際秩序観念図

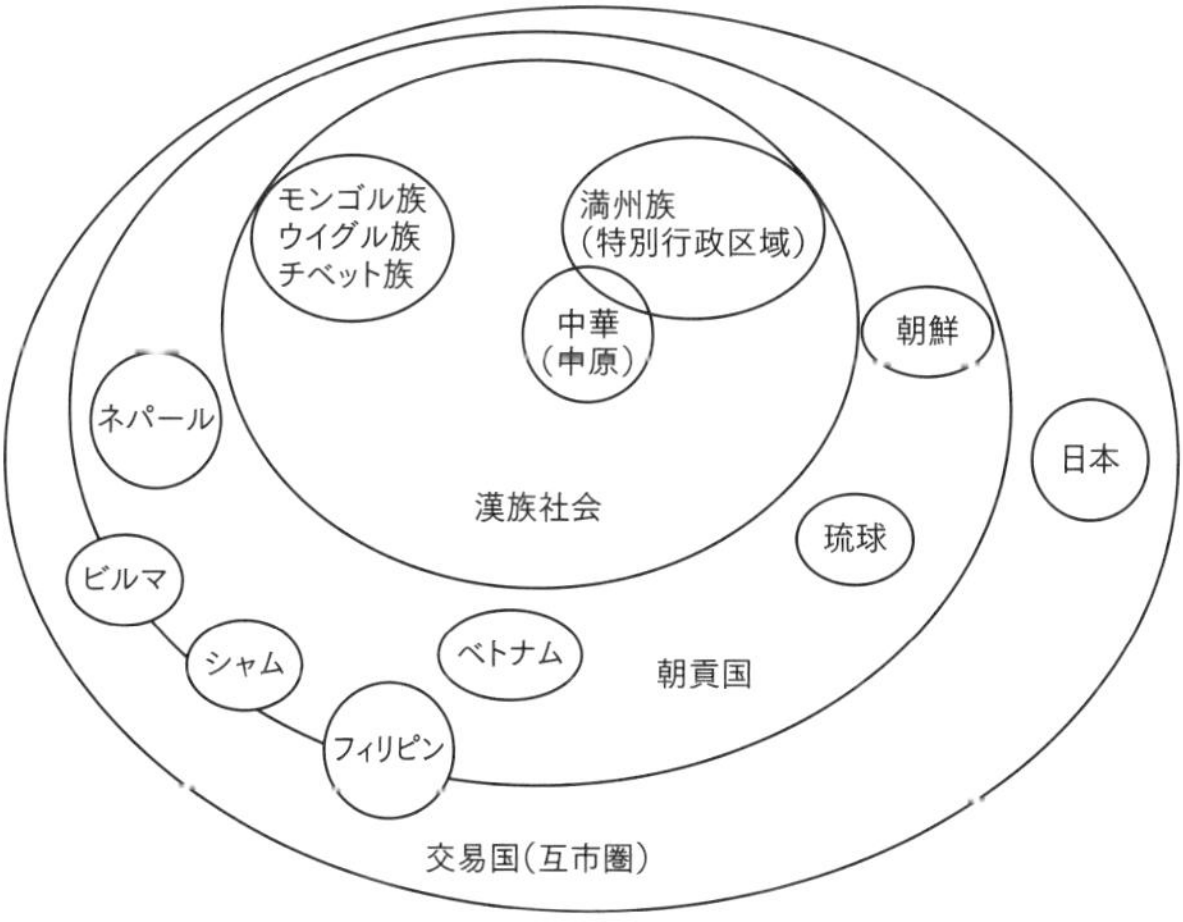

大清帝国の国際秩序観念を模式的に描きますと、先の図のようになります。大清帝国は満州族による征服王朝です。ですから、満州族は特別行政区域としての恩典が与えられました。清朝時代には、漢族はここに立ち入ることは禁じられていたのです。モンゴル、チベット、ウイグルは華夷秩序・冊封体制下におかれ、さらには朝鮮、ベトナムはもとより、海域諸国までもが、華夷秩序・冊封体制下に入ったのです。

日本は大清帝国との交易国（互市圏）には入っていましたが、華夷秩序や冊封体制とは無縁の、中国からは独立した存在でした。しかし、琉球（沖縄）は古くから華夷秩序・冊封体制下にありました。江戸の幕藩体制下でも同様でした。琉球が華夷秩序・冊封体制から完全に脱するのは、明治時代に日本に編入されて以降のことです。

❖征韓論とはどういうものだったか

さて、日朝関係に話をもどしましょう。

明治政府は、新政府樹立の旨《むね》を伝達し、修好を求める国書をもって訪朝しました。外交上の儀礼として当然のことです。しかし、なんと李朝は国書の受け取りを拒否したのです。拒否の理由は、国書に「皇上《こうじょう》」「奉勅《ほうちょく》」の二字が記されていたからです。「皇」は中華王朝の皇臣、「勅」は中華帝国の詔勅、すなわち皇帝による公的文書を意味します。この文字を記した国書を、日本の臣下ではない朝鮮が受け取ることは、原理的に不可能だというのです。日本側の要求は、この理由によって、すべて李朝から拒絶されつづけました。このことは、朝鮮と大清帝国との君臣関係がいかに強いものであったかを物語っています。

この非礼に日本は強く抗議したのですが、李朝は釜山《プサン》の日本公館に食糧や燃料の供給を断つという挙に出ます。日本はこの暴挙を許すことができません。日本側で湧き起こったのが「征韓論」です。西郷隆盛が、征韓派の板垣退助、江藤新平などの支持を受け、自分が訪朝し至誠をもって説得に当たれば道は開かれる、と行動を起こそうとしました。

しかし、岩倉使節団が長い視察から帰国してきました。この視察を通じて欧米列強の国力を心底知らしめられた大久保利通らによる、列強介入の口実を与えるような征韓はならない、との強硬な反対を受けて、西郷の訪韓は頓挫《とんざ》。西郷は、その後、下野を余儀なくされ、これが西南戦争の遠因となったのです。

征韓論とは、朝鮮を華夷秩序・冊封体制から引き剝がそうとする、日本の最初の外交攻勢でした。しかし、李朝はこの日本の攻勢を受けて、ますます固く華夷秩序・冊封体制の中にみずからを封じ込めてしまいました。日本は、欧米帝国主義の「西力東漸」(欧米の東方アジアへの進出)が日に日に勢いを増す状況を観察して、これに抗するには富国強兵をもってするしかないという決意を固めたのですが、他方、李朝は日本のそういう態度を西洋の猿真似だといって蔑視し、みずからは近代化に背を向けつづけたのです。

朝鮮には、国土を保《やす》んじるには、小国が大国に事《つか》えることがむしろ知者の道であるとする「事大」の伝統（事大主義）が根強く存在してきました。実際、李王朝（李朝）の開祖である李成桂は、「小を以《もっ》て大に事《つか》ふるは保国の道也《なり》」と述べています。この事大主義を採用することによって、李朝は隣国の明王朝から自立した王朝として認められたのです。

朝鮮が、事大主義をもって開国と近代化を拒み、清国の力を恃《たの》んで独立への気概のない状態のままでは、いずれ清国やロシアによる支配はまぬかれない。朝鮮が清国やロシアの支配を受ければ日本も危うい、というのが当時の日本の指導者に共通した考えでした。

時の外務大臣陸奥宗光《むつむねみつ》には、その全局を指揮した日清戦争について語った名著『蹇蹇録《けんけんろく》』（岩波書店）があります。この著書の中で、陸奥は、朝鮮の「安寧静謐《あんねいせいひつ》」（平和）を守るは「我が自衛の道」だと書き記しています。

❖清朝君臣関係の切断を狙う日本――日清戦争

決定的な転機となったのが、江華島事件でした。朝鮮の沿岸で測量中の日本の艦船が砲撃を受け、これに応じた日本軍が江華島の砲台を占拠した事件、これが江華島事件です。この事件を契機に、明治九年（一八七六）二月に締結されたものが日朝修好条規でした。朝鮮が外国と取り結んだ最初の条約でした。この条規により「朝鮮国ハ自主ノ邦ニシテ日本国ト平等ノ権ヲ保有セリ」と初めて明文化されたのです。

日清戦争の契機となったのが、東学党の乱です。明治二十七年（一八九四）四月に起こった秘密結社東学教団による農民反乱です。道都の全州が彼らによって制圧されました。全州は李氏朝鮮の本貫（発祥の地）です。この全州の制圧に対して、朝鮮政府は再び清国軍出動を要請し、清国は属領保護のために出兵しました。朝鮮と清国との君臣関係をここで認めてはなるまいと日本も出兵し、日清戦争が勃発したのです。

日本は、戦争勃発の前、明治二十七年六月に、朝鮮の「日清共同内政改革提案」を清国に提出していました。財政に始まり、官僚選抜、治安等々、朝鮮政治の全分野にわたる、朝鮮を「文明開化」に向かわせるために、どうしても避けられない改革提案です。

この提案が清国によって拒否され、日清戦争の勃発となりました。戦争は日本の勝利に終わり、日清講和条約が下関の春帆楼《しゅんぱんろう》で開かれました。日本側全権代表は伊藤博文、陸奥宗光、清国全権代表は李鴻章ならびに駐日公使の李経方でした。講和の結果、全体が一一条からなる条約文書が成約されました。

第一条は「清国ハ朝鮮国ノ完全無欠ナル独立自主ノ国タルコトヲ確認ス」でした。朝鮮と清国との君臣関係の廃棄が、この第一条の内容です。第二条が、旅順、大連を含む遼東半島、台湾、澎湖《ほうこ》諸島の割譲、第四条が、賠償金の支払いでした。

❖三国干渉という苦汁を飲む陸奥宗光

なんという猛々《たけだけ》しい時代だったのでしょうか。日清講和条約がなった直後、明治二十八年四月二十三日に日本は、ロシア、ドイツ、フランスによる三国干渉を突きつけられたのです。三国は遼東半島を直ちに清国に還付せよ、というのです。ロシアは冬になると外洋に進出する港がなくなってしまいます。「不凍港」がどうしても必要なのです。

日本は日清戦争により国力を使い果たしていました。この三国干渉は、日本の首脳部を徹底的に困惑させたのです。三国干渉の主役は、遼東半島の旅順、大連という「不凍港」を手に入れたいロシアです。ドイツ、フランスがこの干渉に加わったのは、「漁夫の利」を求めてのことでした。この時代は、まさに帝国主義の真っ直中《ま　ただなか》でした。「弱肉強食」の時代です。

『ウイッテ伯回想記 日露戦争と露西亜革命』（原書房）という本があります。時のロシアの大蔵大臣で、シベリア鉄道の建設やシベリア・極東開発に熱意を燃やした政治家です。この本によれば、ウイッテは皇帝ニコライ二世に次のように語ったといいます。

「ロシアのためには、強大ではあるが活動的な素質のない支那を隣接国としていることが最も利益である。これこそ東方におけるロシアの安全を保持する良策であり、ロシア帝国の将来の繁栄を保障する所以《ゆえん》である。故に日本をして大陸に根幹を張り、遼東半島の様な或《あ》る場合には北京の死命を制するに足る地域を領有させることは、到底我々の容認しえない所である」

　ニコライ二世がこれに同意して、明治二十八年四月二十三日、独仏露三国の駐日公使が東京の外務省を訪れ、遼東半島の清国への還付要求を提出したところから、三国干渉は始まりました。返還要求を受け取った伊藤博文は、四月二十四日、日清戦争の本陣のおかれた広島で御前会議を開きました。日清戦争の継続により兵士の疲労はなはだしく、軍備も底をついていたのです。このような現状でロシアと戦っても、ましてやドイツ、フランスの艦隊がこれに加われば、日本に勝ち目は到底ないとして、返還要求に屈したのです。五月十日、遼東半島還付の宣詔が出されました。

『蹇蹇録』全編の最後は「畢竟《ひつきよう》、我にありては、その進むを得べき地に進み、その止《とど》まらざるを得ざる所に止まりたるものなり。余《よ》は当時何人《なんぴと》を以《もつ》てこの局に当らしむるもまた、決して他策なかりしを信ぜんと欲す」と結ばれています。畢竟は、〝結局のところ〟という意味です。

　所詮は力のちがいがこの結果を招いたのだ。だからこそ、日本は次の戦いに向けて国力と軍事力を増強する他に道はない。当時用いられ、今日にまで伝わる表現に「臥薪嘗胆《がしんしようたん》」があります。将来の成功を期し、薪《たきぎ》の上に寝て、苦い熊の肝を嘗《な》めながら苦難に耐えよう、という意味です。実際、日清戦争から十年後に、日本は世界最大の陸軍国家ロシアとの戦争に入り、これに勝利するのです。

❖台湾統治という大事業

日本は、三国干渉によって遼東半島の放棄を余儀なくされました。しかし、澎湖諸島を含む台湾は、第二次大戦の敗北にいたるまで、五十年余にわたって日本の統治の下においたのです。

台湾は、日本史上、初の植民地です。台湾をいかに統治するかは、日本が「文明国」であることを世界に証《あか》す一大事業でした。台湾の近代化と開発のための人材養成の場として設立された教育機関が、拓殖大学の淵源《えんげん》、台湾協会学校に他なりません。海外領土の開拓と殖産つまり「拓殖」に従事する人材養成は、日本の過去に例をみない革新的な企図でした。台湾協会学校の設立の経緯は次の講でみることにして、ここでは日本の台湾統治のありようについて語ることにしましょう。

日本の進駐に台湾住民は激憤、清国政府に台湾奪回の援軍を求めました。しかし、日清戦争により北洋艦隊を失った清国には、そのための軍事力も、台湾を取りもどそうという意志も希薄でした。明治二十八年五月、陸軍大将の樺山資紀《かばやますけのり》を台湾総督とし、北白川宮能久親王《きたしらかわのみやよしひさしんのう》指揮下の近衛師団ともども台湾に上陸、基隆《キールン》を経て、台北に無血入城、乃木希典《のぎまれすけ》指揮下の第二師団を投入して占領にいたりました。台湾占領にかかわった日本軍の総数は、当時の陸軍の三分の一以上、連合艦隊の大半でした。

樺山資紀、桂太郎、乃木希典の三代にわたる総督の三年間の最大の課題は、住民の抵抗を力で抑えて台湾の治安を守ることにありました。「武断政治」の時代です。実際、この三代の総督のいずれも、明治日本の勇猛な将軍だったのです。にもかかわらず、台湾統治は容易ではありませんでした。

❖後藤新平の生物学的植民地経営論——鯛の目と比目魚の目

日本軍の進駐に抗する土匪《どひ》(土着の匪賊)を力で鎮圧する武断の時期を経て、本格的な植民地経営が始まったのは、第四代総督として児玉源太郎が明治三十一年(一八九八)三月に着任して以降のことでした。この総督を補佐する民政長官が後藤新平でした。後藤は後に拓殖大学第三代の学長に就任することになります。

後藤は、台湾経営の基礎を築いた、明治期日本の代表的な有能な官僚であり政治家でした。後藤は、明治三十九年八月に満鉄(南満州鉄道株式会社)の初代総裁として転出するまでの八年余、台湾の効率的な植民地経営を求めて、その辣腕《らつわん》を振るったのです。

後藤の台湾経営の哲学は、「生物学的植民地経営論」として知られています。大まかに要約しますと、〝個々の生物の生育には、それぞれ固有の生態的条件が必要であるから、一国の生物をそのまま他国に移植しようとしてもうまくいくはずがない。他国への移植のためには、その地の生態に見合うよう改良を加えなければならない。つまり、日本の慣行、組織、制度を台湾のそれに適応するよう工夫しながら、植民地経営がなされるべきだ〟、概略そういう思想です。武断型の植民地支配とは明らかに一線を画する経営思想でした。

台湾に古くから存在している慣行制度（旧慣）を究《きわ》めるべきである。これに見合うような制度的工夫を施さなければ、優れた海外領土経営など不可能だという、実にまっとうな思想の持ち主が後藤です。私が専攻している現在の開発経済学の思想の根本でもあります。その思想を平たく述べた文章が、〝鯛の目と比目魚《ひらめ》の目〟の比喩です。後藤は次のように述べています。

「ね、比目魚の目を鯛の目にすることはできんよ。鯛の目はちゃんと頭の両側についている。比目魚の目は頭の一方についている。それがおかしいといって、鯛の目のように両方につけ替えることはできない。比目魚の目が一方に二つついているのは、生物学上その必要があってついているのだ。それをすべて目は両方につけなければいかんといったって、そうはいかんのだ。政治にもこれが大切だ。……社会の習慣とか制度とかいうものは、みな相当の理由があって、永い間の必要から生まれてきているものだ。その理由も弁《わきま》えずにむやみに未開国に文明国の文化と制度を実施しようとするのは、文明の逆政というものだ。そういうことをしてはいかん。……だからわが輩は、台湾を統治するときに、まずこの島の旧慣制度をよく科学的に調査して、その民情に応ずるように政治をしたのだ。これを理解せんで、日本内地の法政をいきなり台湾に輸入実施しようとする奴らは、比目魚の目をいきなり鯛の日に取り替えようとする奴らで、本当の政治ということのわからん奴らだ」（鶴見祐輔著・一海知義校訂『〈決定版〉正伝 後藤新平』藤原書店）

後藤新平

この後藤の考え方が典型的にあらわれたのが、台湾人の長い悪習であるアヘン吸引の禁止でした。アヘン吸引はオランダ支配時代から台湾に広まっていた悪習です。バタビア（インドネシアのジャカルタの旧名）の華僑を経て、台湾にもちこまれたらしい。この悪習をなんとか台湾から払拭《ふっしょく》したいのですが、簡単なことではありません。後藤は「厳禁論」でも「非禁論」でもなく、「漸禁論」の立場にたってこれに応じたのです。

後藤は「台湾阿片令」を出して、アヘン専売制度を設けました。アヘン吸引者からアヘンを一挙に取りあげるわけにはいきません。アヘン販売者を特定の仲買人と小売人に限定しました。すでにアヘン中毒にかかっている者のみに、これを購入させる通帳を保持させ、新たな吸引者には通帳は交付しないことにしたのです。アヘン価格は旧来に比して高価に設定しました。これによりアヘン吸引者は漸減し、加えて専売収入の増加にも寄与した、というのです。

後藤は、台湾統治のために、台湾の社会に古い来歴をもつ「保甲《ほこう》」を利用した密度の濃い警察制度を確立していきました。保甲とは一〇戸を一甲、一〇甲を一保として甲長と保長をおき、保甲内の相互監視と連座制を徹底した制度でした。戸籍調査、出入者管理、伝染病予防、道路・橋梁建設、義務労働動員などのすべてを、この保甲制度を通じて実施するようにしたのです。保甲は日本の台湾統治のための、大変に効率的な住民組織として機能しました。

治安組織の創出とならんで、後藤がその初期になした刮目《かつもく》すべき成果が他にもあります。土地・人口調査事業の完遂です。後藤は、この事業をもって、その経営を託された台湾の現状を徹底的に調べつくしたのです。

土地調査事業の着手は、後藤の着任わずか半年後のことでした。調査を通じて全土の耕地面積・地形を確定し、地租徴収の基盤を整えました。土地調査事業につづいて林野調査事業を完遂しました。台湾全土の山林地帯の面積・地形を確定し、所有関係を整備したのです。明治三十六年には「戸籍調査令」を発令、これにもとづき大規模な人口調査をも行いました。

❖産業発展の基盤形成——台湾近代化に献身した日本人

後藤の治世下、台湾の植民地経営の基礎は急速に整えられていきます。土地・林野・人口などの基礎調査事業と並行して、多様なインフラ（社会間接資本）が整備されました。台湾銀行の設立は後藤の着任の翌年のことです。台湾銀行券を発行し、台湾貨幣の統一がなされました。インフラの建設に要する人量の資金が、台湾銀行の事業公債により調達されることにもなりました。

台湾のインフラは、往時の他の列強の植民地に類例をみない充実ぶりでした。そのほとんどが、後藤の時代に着手されたものです。基隆から高雄にいたる縦貫鉄道の建設、この鉄道の起点に位置する基隆・高雄港の拡充、さらに縦貫鉄道に連結する道路の建設により、陸上・海上運輸能力が強化されました。電話網の密度は、当時の日本のそれに比べても遜色のないものでした。

「米糖経済」台湾の農業発展の基盤も、後藤の統治の時代に飛躍的な伸びをみせました。ハワイから砂糖黍《きび》の原種を輸入して幾多の品種改良が試みられ、また、搾糖機械の技術革新が図られて製糖業の近代化が進んだのです。台湾製糖株式会社以下、多くの大規模な製糖会社が次々と設立されました。これら台湾の砂糖産業の近代化のために後藤が台湾に招いたのが、新渡戸《にとべ》稲造《いなぞう》でした。新渡戸は当時アメリカで『武士道』を書き上げ、札幌にもどる直前に招聘《しょうへい》状を受け取りました。明治三十四年のことでした。そして翌年、総督府の臨時糖務局長に就任し、後藤に背を押されながら、台湾の糖業の飛躍的発展に貢献したのです。この新渡戸は大正六年（一九一七）より拓殖大学の教学を担う学監として就任、拓殖大学の植民学教授となります。

米についても、精力的な品種改良努力が重ねられました。「蓬萊米《ほうらいまい》」として知られる新品種は、品質と反収の両面で当時の東アジアにおいて画期的な水稲種でした。台湾蓬萊米の開発に貢献したのが磯永吉《いそえいきち》です。彼は日本米と台湾米の交雑実験を無限に繰り返し、十二年の歳月をかけてこの新品種にたどり着きました。水利灌漑施設の拡充、これによる開田が相次ぎ、台湾の耕地面積が急拡大しました。米生産の拡大、反収の増加により、台湾米の生産高は島内の需要を超え、日本への移出が可能となりました。

不毛の地を豊饒の地に変えて、台湾の可耕地面積の急拡大に貢献したのは、台湾総督府技師八田與一《はったよいち》でした。八田は、台湾中南部の嘉南大圳《たいしゅう》と呼ばれる東洋一の巨大灌漑施設を、十年余の長期をかけて完成させたのです。これによって、かつて不毛の地であった嘉南平野が豊かな農地へと変貌しました。八田は、後藤とならんで今日の台湾で最も深い尊敬を得ている日本人です。

明治38年（1905）ころの台湾

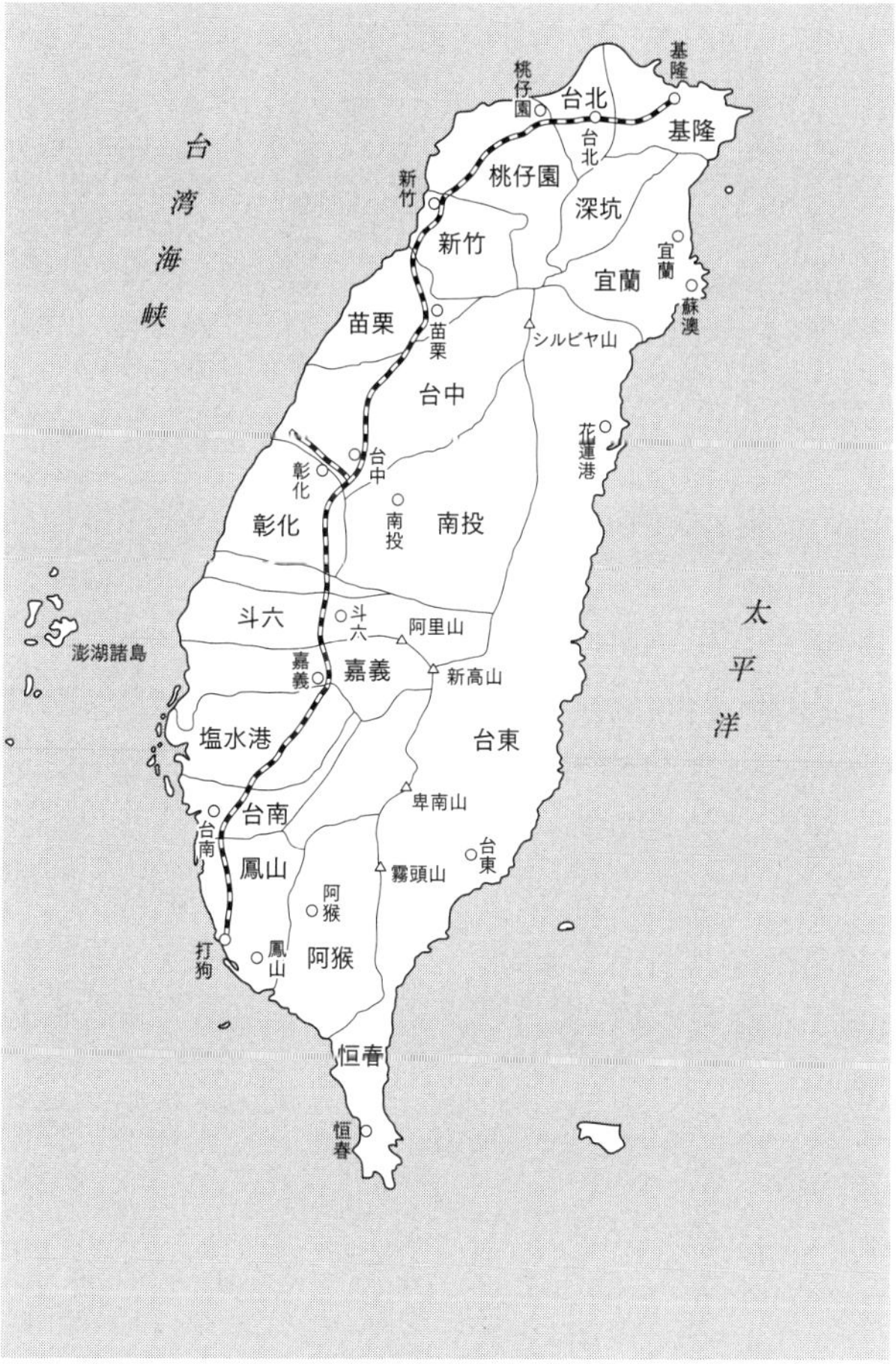

出所：御厨貴編『〈決定版〉正伝 後藤新平 別巻 後藤新平大全』（藤原書店）

亜熱帯の台湾を悩ませてきたのは不衛生と疫病でしたが、これらに対する対策の成功も、後藤による統治の功績でした。後藤は予防接種を義務化しました。鉄筋コンクリート製の上下水道を日本国内よりもはやく台北に敷設しました。現在の台湾大学医学院の前身である台北医学校が創設されたのも、後藤の時代のことでした。

❖台湾ほど教育制度の充実した植民地はなかった

統治基盤の形成がひとまずなされたところで、日本において原敬《たかし》内閣が成立、政党政治が緒開始されました。大正デモクラシーの時代です。台湾経営の基盤が整い、日本の政党政治が緒について、台湾総督には文官が任命されるようになりました。統治のスタイルも台湾住民の教化を図る「同化政策」へと転じていったのです。同化政策の基本が教育におかれました。

台湾住民は、清国期、十八世紀の末葉に福建省、広東省から台湾に入植して、「徒手空拳」で水稲耕作、砂糖黍栽培のための開墾に尽力した人々でした。産業社会に適合する知識と技術が与えられることはありませんでした。台湾住民に近代工業社会に向かう新しい知識と技術に接近できる機会を与えたものが、日本統治下の教育でした。それまでの台湾においては、住民が教育を求めても、用意されていたのは少数の私塾のみでした。

同化政策の下で整備された近代的な教育制度を通じて、台湾住民は理科や数学に接し、産業社会に適合する精神と才能を身につける機会に初めて恵まれたのです。社会科学や自然科学への接近が、しかも住民社会のグラスルートにいたるまで可能になったという事実は、大いに評価されねばならないことです。列強による植民地で、このようなことが試みられた例はまったくありません。

日本統治下における教育制度拡充の成果を、統治の終了年、昭和十九年（一九四四）についてみますと、以下の通りです。国民学校は一〇九九校、盲唖学校などの各種学校一一校、実業・師範学校一二二校、専門学校五校、高等学校一校、帝国大学予科一校、帝国大学一校でした。高等教育については、日本への留学も一般化しておりました。留学生数は、昭和三年（一九二八）に四〇〇〇人台、同十二年に六〇〇〇人台、同十八年には八〇〇〇人台でした。同二十年までの留学生の累計数は二〇万人に及んだという推計があります。

日本で帝国大学が設立されたのは、東京帝国大学が明治十九年、京都帝国大学が同三十年、東北帝国大学が同四十年、九州帝国大学が同四十四年、北海道帝国大学が大正七年、京城帝国大学が同十三年、台北帝国大学が昭和三年、大阪帝国大学が同六年、名古屋帝国大学が同十四年のことです。

京城帝国大学と台北帝国大学という海外領土での帝国大学が、国内の大阪帝国大学や名古屋帝国大学よりはやく設立されたのです。日本以外の列強には、こんなことはまるでありませんでした。欧米人にとっては信じられないような事業であったにちがいありません。京城帝国大学は現在のソウル大学、台北帝国大学は現在の台湾大学の淵源です。

台湾における国民中学の標準的な教科書は、『認識台湾』（蔡易達他訳、雄山閣出版）でした。このテキストでは、日本統治時代の「社会の変遷」の項目で、（一）人口の激増、（二）纏足《てんそく》、弁髪《べんぱつ》追放の普遍化、（三）時間厳守の観念の養成、（四）遵法《じゅんぽう》精神の確立、（五）近代的衛生観念の確立、をあげています。例えば遵法精神の確立について同書は次のように解説しています。

「総督府は警察と保甲制度を用いて有効に社会支配を達成し、犯罪の防止と秩序の維持を厳密に行い、民衆が射倖《しゃこう》心で法律を犯さないようにした。同時に、学校や社会教育を通じて近代法治観念と知識を注入し、秩序と法律を尊重することを学ばせ、それに加えて司法は公正と正義を維持することで、社会大衆の信頼を獲得した。この影響で、民衆は分に安んじ、規律を守るなどの習慣を養い、遵法精神を確立した」

第4講

拓殖大学の淵源としての台湾協会学校

❖桂太郎の台湾開発思想

台湾が日本に割譲されたのは、日清戦争で日本が勝利した後の日清講和条約によってでした。条約は明治二十八年（一八九五）四月に締結。台湾は、この条約によって、その後五十年余にわたり、日本の統治下におかれました。

日本初の植民地である台湾の統治と開発は、当時の日本にとっては、とてつもなく大きな事業でした。陸軍中将の桂太郎が、明治二十九年六月に第二代総督に就任。桂は、伊藤博文、西郷従道《つぐみち》に随行、衛生局長の後藤新平を同道して台湾を視察。その視察をもとに内閣に対する「意見書」を作成しました。

台湾総督にいたるまでの桂は、生粋《きっすい》の軍人でした。戊辰《ぼしん》戦争では奥州各地を転戦、維新後にはドイツに赴任し、欧州各国の軍制を研究、日清戦争で第三師団を率い出征、その功により爵位を授《さず》けられた人物です。桂の作成した内閣への意見書は、いかにも帝国主義時代の軍人を想起させる内容のものでした。台湾は、アヘン戦争後の中国大陸で利権確保を求めて角逐《かくちく》する列強を、日本が牽制する絶好の位置にあります。この台湾の地政学上の利点を活用することが、帝国明治の枢要な課題である、と桂は判断しました。桂は、台湾を対岸の福建省や広東省に日本の勢力を伸長するための拠点にしようと考えたのです。

台湾統治の施策として、桂が具体的に提案したものが次の六項目です。(一) 地方行政機関の整備、(二) 警察機構の増強、(三) 衛生医学行政の整備、(四) アヘン問題の早期解決、(五) 海運航路の拡充および鉄道と幹線道路の整備、(六) 主要港湾の拡充、です。

実は、この六つの方針は、当時の列強による植民地支配の中では、きわめて斬新で画期的なものだったのです。欧米列強は、力にものをいわせてアジア各国を開国させ、これに抗する現地住民には軍事力で対抗し、みずからの利益を、それこそあからさまに追求する、というのが通常のやり方でした。イギリスのインド支配、アヘン戦争に始まる中国への侵入などがそうでした。

そのような帝国主義の時代にあって、桂の方針は、もちろん警察機関の強化にみられるように、力の側面を無視したものではありません。しかし、力点は台湾を自立的な方向に導くための制度的インフラと物的インフラの整備におかれたのです。警察機関の増強とて、通常は軍事力の強化のはずですが、むしろ軍事支配を排して、住民と居をともにする警察官をもって対応しようとした点で、これは植民地統治のあり方としては、むしろ大変にユニークなのです。日本の警察官が無私公平で、住民にいかに深く貢献したかを示すエピソードが、いまの台湾でもいくつか語り継がれています。

要するに、桂は、土匪《どひ》が跋扈《ばっこ》し、衛生状態が悪く、アヘンが蔓延《まんえん》する、まともな社会として機能していない台湾の開発の初期条件の整備に、満身の力を込めて当たろうと考えたのです。後藤新平の生物学的植民地経営論という優れた台湾統治思想も、実は、この桂の思想の延長線上に位置するものなのです。

桂は、明治二十九年十月に台湾総督を辞任、第三代の総督を乃木希典《のぎまれすけ》に委ねます。つづいて、明治三十一年二月に第四代総督に児玉源太郎が就任、後藤が児玉総督を補佐する民政局長官（後に民政長官）として赴任したのです。このころから台湾開発が本格化していくのですが、その事情については前講で述べた通りです。

日本国内でも、台湾の現状分析、台湾開発のための政策提言や、台湾住民と日本人との交流のための組織づくりの必要性が主張されるようになりました。いくつかの源流をもつ台湾関係組織が合流して、当時、陸軍大臣となっていた桂を会頭とする「台湾協会」が成立したのが、明治三十一年七月のことでした。会頭に就任するに当たって、桂が述べた次の言葉は、台湾統治がいかに困難な大事業であるか、この大事業に向かうに当たっては、台湾開発に関係のない「政論」の一切はつつしみ、開発をいかに効果的に推進するかに知恵を絞《しぼ》るべきである、会員がこのことを理解できないようでは陸軍大臣である自分が会頭を引き受けるわけにはいかない、という趣旨の固い決意を語っています。桂の高い志が伝わってきます。

「予《よ》に一の要求あり。其《そ》の要求を容《い》る、に於ては、会頭の任に膺《あた》るを辞せざるべし。元来、予は軍職に在り、苟《いやしく》も軍職に在る者にして、台湾協会会頭となる上は、其の協会に於て政治を論じ、政論を闘はすを許さず。故に其の協会は、政理政論を外にして、其の基礎を実業の上に置かざるべからず。諸君にして此《こ》の条件を容るゝに於ては、予は会頭を諾《だく》すべし」

決意したことには全力をもって当たる、という決然たる姿が浮かびあがってきます。

台湾協会が多大の力を注いだのは、台湾開発という日本にとっての世紀の大事業を完遂するための人材養成でした。台湾は日本初の植民地です。異文化社会の開発と近代化に当たる人材を養成する機関など、当時の日本にはどこにも存在していませんでした。台湾協会が設立した人材養成機関が、拓殖大学の前身である台湾協会学校です。

桂太郎

当時の日本には、後の大正七年（一九一八）の大学令によって大学に昇格する教育機関が、少なくありませんでした。そのほとんどが法律学校もしくはキリスト教系の学校でした。前者についていえば、後の中央大学になる英吉利《イギリス》法律学校、明治大学となる明治法律学校、専修大学となる専修学校、早稲田大学となる東京専門学校、法政大学となる和仏法律学校、などでした。キリスト教系教育機関としては、後の同志社大学となる同志社英学校、青山学院大学となる青山学院、明治学院大学となる明治学院などです。

福澤諭吉によって実学を徹底的に重んじた、後に慶應義塾大学となる慶應義塾、海外で働く人材の養成に的を絞った、後に拓殖大学となる台湾協会学校の二つは、まことにユニークな存在だったのです。

❖開発人材養成の緊急性

台湾協会学校の設置許可申請書は、明治三十三年（一九〇〇）六月に東京府知事宛に提出されました。正式に許可がおり設置されたのは、翌年七月五日でした。学長はもちろん桂太郎です。桂は大正元年（一九一二）八月、大正天皇の宮内省侍従長を拝命すると同時に学長を辞任、この間、十年余にわたって台湾協会学校の学長を務めました。

台湾協会学校の設立趣意書の第一条には、こう書かれています。「本校ハ台湾及ビ南清《なんしん》地方ニ於テ公私ノ業務ニ従事スルニ必要ナル学術ヲ授《さず》クルヲ以テ目的トス」。第二条は「修業年限ヲ三ケ年トス」、第三条は「本校ニ行政科、実業科ヲ設ク」。第四条は「本校ニ於ケル授業科目左ノ如《ごと》シ」とあります。授業科目をみてみますと、台湾語、支那官話、英語、簿記、数学、統

台湾協会学校校舎

計学、法学概論、刑法、民法、商法、国際法、行政法、経済学、財政学、農政学、商工経済学、商業地理、植民史、亜細亜《アジア》史とあります。語学を中心とし、その他、海外で働くのに不可欠な基礎科目が網羅されています。

台湾協会学校の学生としては、どのような資質が求められていたのか。当時の学校指導者の、いまに残る演説記録などからこれをみてみましょう。当時の文献は、現在の諸君には少々読みづらいとは思いますが、時代の雰囲気や、時代精神を伝えるには、やはり原文で紹介する方がいいと思われます。わかりにくい漢字にはルビをふってきます。開校式の訓辞において、桂は台湾協会学校という組織が計画されたのは、次のような事情であることを語っています。

「本校学生は、何《いず》れも人校の始《はじめ》に於て決心したる如《ごと》く、卒業後は内地に於《おい》て職業を執《と》るに非《あら》ずして、台湾の事業に従事する者なれば、其《そ》の学科も最も時事に適切なるものを授《さず》くる次第にて、就業の間に於ても其の心を以《もっ》て勉強すべく、又衛生にも注意し卒業後台湾の就業に耐ゆることを期せざるべからず。又本校育英の目的は、豪傑を造《つ》くるに非ずして、能《よ》く人の手足と為《な》り機関と為るべき適材を造くるにあれば、各自此《こ》の辺に付《つい》ても平生能く心得て、十分奮発せられんことを望む」

当時、台湾総督府民政長官として台湾開発に取り組んでいた後藤新平は、明治三十四年に台湾協会学校を来訪、学生を前に「台湾協会学校の学生に告ぐ」と題して次のような演説をしています。

「領土経営において一番至難なことは、此《こ》の領土経営に適当なる人を得ると云《い》うことである。此の学校は一寸《ちょっと》見ると云うと変則の学校であるが、此の学校なかりせば、独《ひと》り台湾のみならず帝国の拓殖事業、即ち植民事業と云ふものが成立ち、或《あるい》は成功することは不可能である」

❖帝国明治の難題を一挙に解決した軍人政治家

政治家のリーダーシップとはなにか、このことを明治の時代の指導者の中に探し求めるならば、私には桂太郎のことがすぐに頭をよぎります。桂内閣は、日露戦争という国運を賭《と》した大戦争に打って出ざるをえない緊迫の状況下で出発しました。維新の元勲《げんくん》のすべてを排して、若い世代の閣僚のみからなる、当時、「二流」といわれた内閣の成立でした。

首相桂太郎、外務大臣小村寿太郎、陸軍大臣児玉源太郎、海軍大臣山本権兵衛《ごんべえ》などの布陣で難局に船出しました。実は、この「二流内閣」の桂内閣こそが、義和団事変の収束、日英同盟の締結、日露戦争勝利、韓国併合の実現、不平等条約の改正など、明治日本の難題をことごとく片づけ、日本を列強の一員とした内閣だったのです。

桂といえば「ニコポン首相」とよくいわれたそうです。隠然として強い影響力を当時、なおもっていた伊藤博文や山県有朋《やまがたありとも》などの元勲の同意を巧みに取りつけ、政党政治が動き出して最大政党となった政友会とは妥協を繰り返し、元勲や政友会との「闇取引」をしばしば試みたというのです。時には、明治天皇の心を揺さぶって、政局を自分に有利な方向に運営したりもしたようです。そんなことが公然となれば、政治生命を失いかねないような、きわどい手段をも平然とやってのけたのです。

「ニコポン」とは、〝ニッコリ笑って相手の肩をポンと叩《たた》いて懐柔する〟といった、多少の揶《や》揄《ゆ》を込めた物言いです。しかし、リアルポリティーク（現実政治）とは、元来が錯綜する利害の調整のことです。政治において対立は恒常的です。対立を避けて政治は成り立ちません。

政党政治、特に、二大政党政治には、対立がないわけがありません。むしろ厳しい対立の中に真実を探り出そうという人間の知恵が、政党政治を生んだ要因なのです。桂は古典的な政治原理を体現した人物でした。幕末以来の相次ぐ戦争をかいくぐってきた軍人、桂の人生は苛烈なものでした。しかし、苛烈な人生を送った者にはふさわしくない、柔和な風貌をしておりました。そんな風貌が「ニコポン」を、人々の口の端《は》にのぼらせた理由の一つかもしれません。

外交思想と外交術において異才を放ち、日英同盟締結と対露強硬策を胸に秘めた人物が小村寿太郎です。この小村を外務大臣に登用したことが、桂外交の成功の大きな要因でした。当時、政治的権威において最高の元勲が伊藤博文でした。伊藤が対露協調路線を強硬に主張していたのです。対英協調路線を取る小村の登用には、当然、異論があったようです。それらを桂は「ニコポン」術で乗り切り、小村の登用に漕《こ》ぎつけました。桂の人材登用の眼が、いかに正確であったかが理解されます。

日露戦争を戦うには、日本の軍事力はまだ不十分でした。国民に耐え難い負担、すでに限界近くにまでいたっていた地租を、さらに増徴せざるをえませんでした。地主勢力が強力なサポーターであった政友会の反対を押し切って、この増徴を実現するには、桂の「ニコポン」は欠かすことのできない政治手法だったにちがいありません。

増税が簡単なものでないことは、いつの時代でも同じです。特に、所得水準の低かった当時、これが容易であったはずがありません。国民の租税負担率は五割を前後していたのです。増徴案成立は不可能であることを察知するや、一転、桂は議会解散という正面突破作戦に入りました。日露戦争へと向かうには挙国体制を固めねばならない。桂の打った手は、「二流内閣」で難局を乗り切ることは到底できることではないから、政権を権威ある元勲に返上したい、という主張でした。さすがの伊藤も、この主張にはほとほと困惑させられたようです。

困惑する伊藤を尻目に、桂は明治天皇に内閣総辞職を上奏《じょうそう》するという挙に出ました。明治天皇は、日露開戦を眼前に控えたこの時期、桂内閣が他に代案のない指導体制だとみていました。天皇の桂に対する信頼には、絶大なものがあったのです。伊藤を枢密院議長の職に就《つ》かせ、政友会総裁の地位をも捨てさせたのです。以降、桂はみずからの思いのままに閣僚人事を操作しながら、国難に対処することができました。

第一次、第二次、第三次にわたる桂内閣を組成して、憲政史上、最長の政権を築いた人物が桂です。時に柔軟、時に強硬策を取って、融通無碍《ゆうずうむげ》にみずからの考えるような国の形をつくっていったのです。明治時代の日本の内政、外交のいずれからみても、桂はまちがいなく第一級の政治家です。

❖統治の第一線を担う台湾協会学校卒業生

明治三十六年（一九〇三）七月、台湾協会学校の第一回卒業式が挙行されました。卒業生は四五名、そのうち二一名が台湾総督府、ならびにその関連の部局に従事することになりました。台湾協会学校の目的は、先にも示した通り、「台湾及ビ南清地方ニ於テ公私ノ業務ニ従事スルニ必要ナル学術ヲ授クル」と明瞭でした。学生たちは在学証書と称する、いわば誓約書の提出を義務づけられたのですが、そこには「卒業ノ上ハ永ク台湾及ビ南清地方ニ於テ業務ニ従事可仕《つかまつり》、仍《よつ》テ証書如此候也《かくのごとくそうろうなり》」とあります。

台湾協会学校は、海外領土開発のための人材養成の場として、日本唯一のユニークな存在でしたが、「海外雄飛」を誓約書をもって義務づけたという点からみても、台湾協会学校の設立目的が大変に明確なものであったことがわかります。

後藤の方針に則《のっと》り、台湾の主要都市ではインフラ整備、治安対策などが着々と進められましたが、地方には総督府の統治はまだ及んではおらず、治安状態には不穏なものがありました。匪賊が出没し、日本統治に反感を抱く人々や社会的不満層などが、集団をなして地方役場や警察官派出所などを襲撃するといったことがしばしば起こりました。そのうえ、亜熱帯台湾の衛生状態は劣悪でした。マラリア、コレラ、ペスト、チフスなどが時に猛威を振るったのです。アヘン吸引の習慣も蔓延していました。

現在の台湾からは想像できないことですが、当時の台湾は、市街地を一歩出るとなにが起こるかわからないような状態だったのです。そういう地方に向けて、日本の統治のネットワークを広げようと総督府の地方局が設置されたのですが、これら地方局の第一線のスタッフとして、台湾協会学校の卒業生の多くが赴任したのです。

就業先は、台湾総督府ばかりではありません。台湾銀行、三井物産などの商社や郵船会社、製糖会社などの駐台スタッフとしても、かなりの卒業生が迎え入れられました。卒業生の就業先のすべてを突きとめることは難しいのですが、台湾協会学校の卒業生の台湾赴任者数がピークに達したのは、大正八年（一九一九）ごろです。資料によりますと、卒業生は台湾総督府および関連諸官庁に五〇名、台湾銀行に二五名、台湾製糖に一四名などと記録されています。

台湾銀行は、台湾の開発にとって決定的に重要な金融機関でした。日本統治が開始された時点では、台湾にはまだ統一的な貨幣はありませんでした。貨幣発行はもとより、産業開発のための融資、さらには輸出入のための為替業務などのためにも、台湾銀行の設立は不可欠でした。住民に預貯金の習慣を根づかせることも、銀行の重要な役割でした。鉄道敷設や港湾建設などのインフラ整備に必要な、厖大《ぼうだい》な事業公債を台湾銀行が発行して、台湾内外から募債を受け、これをもって総督府や企業が建設資金に充てる、といった方法がとられました。

日本は台湾を、特に対岸の福建省や広東省など、当時の言葉でいえば「南清」地方に日本の勢力を拡大するための「橋頭堡《きょうとうほ》」としようと考えていました。それゆえ、アモイ、香港、福州、汕頭《スワトウ》、広州、上海、さらにはインドネシアのスラバヤやタイのバンコクなどにも、台湾銀行の支店が開設されました。台湾協会学校の卒業生は、ここでも重要な業務を託されたのです。

小野泰四郎は、台湾銀行に赴任した台湾協会学校の第一期卒業生です。小野は、台湾銀行本店勤務の後、福州、汕頭、さらにはスラバヤとバンコクでの支店長を経て、再び台湾銀行の本店に勤務して調査課長となりました。退職後、その手腕を現地の有力事業家から買われて、製糖会社などの経営陣に加わりました。

❖台湾への教育進出――開南大学の前身

台湾と拓殖大学との関連について語る場合、見落とすことのできない教育機関があります。現在の台湾最大の国際空港の桃園のすぐ近くにある、開南大学です。この大学の淵源《えんげん》をたどっていくと、拓殖大学との深い縁を知ることができます。

開南大学の淵源は、大正六年（一九一七）に設立された台湾商工学校、正式には東洋協会台湾支部付属私立台湾商工学校です。東洋協会といいましたが、これは台湾協会が、日本の東アジアでの国勢伸長を反映して東洋協会へと名称を変更したものです。拓殖大学の淵源である台湾協会学校（明治三十七年から専門学校）も、これにともない東洋協会専門学校へと校名を変更しました。台湾商工学校は、大連商業学校や京城専門学校と並ぶ東洋協会の付属学校として、拓殖大学と深い絆をもって設立された三年修学の学校でした。また、私立学校ではありましたが、台湾総督府との関係には非常に深いものがありました。

台湾商工学校の創立時においては、日本人と台湾人が共学できる学校は、ほとんど存在していませんでした。一九二〇年代初期に日台共学制度が実施されるまでは、台湾人が進学可能な数少ない私立学校が台湾商工学校だったのです。台湾商工学校は、商科と工科の二つからなる実践的な学校でした。

時間が飛びますが、昭和十四年（一九三九）の文部省令により、台湾商工学校は、私立開南商業学校と私立開南工業学校の二つに改組されました。台湾商工学校ならびに改組後の私立開南商業学校では、商業文、簿記、算盤《そろばん》などの実務的教育ならびに語学教育が重視され、卒業生は台湾の銀行、信用組合、保険会社、製糖会社などに就職。また、台湾商工学校ならびに改組後の私立開南工業学校の卒業生は、鉄道部や土木部の技手となり、経済発展の中堅幹部の役割を担ったのです。

私は、昨秋、開南大学の開学十三周年のシンポジウムで基調講演をさせていただく機会があったのですが、その最後を次のように結びました。

「残念なことでありますが、拓殖大学は第二次大戦後の、左翼的もしくはリベラル的な強いセンチメントに覆われた日本社会の思潮の中にあって、戦前期にみせたような輝きを失い、開南大学との縁も薄いものとなってしまいました。しかし、冷戦崩壊後の現在、自由、民主、人権、市場経済、法治主義などの価値を共有する国々が、共存・共栄する時代がやってきました。拓殖大学も、西暦二〇〇〇年の百周年を期に、以降、大きな飛躍の時代に入っております。明治のあの時代に深い縁でつながっていた拓殖大学と開南大学が、再び連携して日台の共存・共栄に貢献できることができれば、これに勝る幸せはありません」

第5講

生死の中の日本——日露戦争

❖朝鮮、清国へ向かう列強

三国干渉後、日本を取り巻く国際環境は一段と複雑なものとなりました。日本は日清戦争に勝利して、清国と朝鮮との君臣関係の切断に成功しました。かといって、朝鮮の自立が可能となったかといえば、そうではありません。

朝鮮における清国の支配力は衰えたものの、同時に、ロシアの影響力が着実に増大したのです。三国干渉によって日本が清国への還付を余儀なくされた遼東半島は、その後、ロシアの租借地となってしまいました。日本が苦難の日清戦争で獲得した権益が、ロシアの手に落ちてしまったのです。

三国干渉によって遼東半島還付を日本が飲まされたことをみて、朝鮮は日本を恃《たの》むに足りない存在だと見立てるようになります。そうして、にわかに政府内の親露派が勢いを増し、ロシアに急接近しました。先にも述べました「事大」の伝統が繰り返され、朝鮮の清国への「事大」から、ロシアへの「事大」に転換したのです。ロシアもこれを好機とみて、朝鮮宮廷に取り入り、宮廷のロシアへの傾斜が顕著になりました。

駐韓ロシア公使、カール・ウェーバーは、宮廷から親日派を追放。追放された朝鮮の親日派は日本と組み、宮廷の親露派の中心である閔妃《みんぴ》の排除を狙って、さまざまな政治工作をしました。駐韓公使三浦梧楼《ごろう》は、かつて閔妃によって追放されていた大院君の擁立を画策し、これに成功。大院君は親日派官僚、朝鮮訓練隊、日本人壮士を引き連れて王宮に侵入。三浦も公使館の衛兵を率いて王宮に入り、閔妃を殺害したのです。「閔妃暗殺」として名高い事件です。

この事件の結果、ウェーバーと親露派が、一段と強く結びついてしまいました。ロシアは、国王高宗をロシア公使館に移し、国王はロシア公使館から詔勅を発することになりました。ロシアは顧問を送って財政監督に当たらせたり、将校を派して軍隊を訓練したり、ロシア語学校を設立したりしました。朝鮮北部の資源採掘権まで獲得したのです。ロシアの攻勢によって、日本人駐屯軍は減少を余儀なくされました。日本人の商人や漁民も、そのほとんどが帰国せざるをえませんでした。

朝鮮のロシアへの「事大」は、新たに在韓公使となった小村寿太郎のあの辣腕《らつわん》をもってしても、いかんともし難く強いものでした。日本は三国干渉によって遼東半島還付の屈辱を受ける一方、辛くも自主独立の朝鮮を手にしたものの、それも束の間、ロシアによって朝鮮は蹂躙《じゅうりん》されてしまったのです。ロシアは、三国干渉によって還付された遼東半島の租借を清国に迫り、これにも成功して、日本をさらに追い込みました。

シベリア鉄道の建設が明治二十四年（一八九一）に開始され、次第に東方に向けて敷設がつづけられました。しかし、バイカル湖の東部辺りまで進んだところで、その延長先をどうすべきかが問題となりました。もしロシア領土である黒竜江北岸沿いに建設を進めれば、工事は困難をきわめます。他方、清国領土である蒙古・北満州を経由してウラジオストクに直結させれば、その距離を顕著に短縮できます。大蔵大臣ウイッテがその主張の主唱者です。彼はニコライ二世との合意によってこの案を進めることにし、清国を説得したのです。

その後も、ロシアは清国に攻勢をかけつづけます。東支鉄道の支線である南満州鉄道敷設の利権を清国から獲得することにも、成功しました。この南満州鉄道は日露戦争後のポーツマス条約により、長春以南が日本のものとなった南満州鉄道、つまり満鉄のことです。日清戦争後の日本は、朝鮮における日露のバランスにおいて、ロシア優位を許してしまったのです。また、ロシアによる旅順、大連の租借ならびに鉄道利権の放棄をも余儀なくされ、日清戦争における日本の「戦利品」は、そのことごとくがロシアに奪い去られてしまいました。

清国を蚕食《さんしょく》したのは、ロシアばかりではありません。明治三十年（一八九七）には、三国干渉に加わったドイツが、戦果の一部を得ようと膠州湾に進軍、ここを海軍根拠地として占領しました。イギリスは明治三十一年に威海衛の租借を勝ち取っています。フランスもまた、明治三十二年に広州湾を租借しました。清国における列強の勢力圏を大きく概観しますと、満州、蒙古などの長城以北においてはロシアが、長江沿岸諸省においてはイギリスが、広東省、広西省、雲南省においてはフランスが、山東省においてはドイツが、特権的な権益を獲得しました。

西海岸に向かって「西漸運動」（西部開拓）をつづけてきたアメリカも、米西戦争によりフィリピンを獲得、ハワイ、グアムをも取得して、間もなく、満州にその利権の拡大を図ろうとしていました。

❖近代日本の最重要文献・小村意見書

日露戦争の発端《ほつたん》は、義和団事変にあります。義和団事変は、明治三十三年三月に山東省で発生、北清地方の全域に及びました。北清事変とも呼ばれています。ロシアは暴徒鎮圧ならびに鉄道保護を大義名分として大軍を派し、満州の要所を攻め落としつづけました。結局、奉天省（現在の遼寧省）、吉林省、黒竜江省の全満州をロシアは占領してしまいました。

義和団の暴徒は、北清地域を席巻、勢いは衰えず、ついに天津を経て北京に迫り、各国公使館が集中する居留地域が彼らによって包囲される、という事態となりました。列国の中で北京、天津に最も近い日本からの援軍に頼るより他に策はありません。日本派遣隊の縦横の活躍によって、列国の居留民は救出され、義和団の乱は鎮定されました。鎮定後、日本軍はその一部を北京に残留させ、大半は帰国の途につかせたのですが、ロシアは兵を引きません。

日露戦争時の外交を主導した人物が、小村寿太郎です。小村の外交思想を端的に物語るものに小村意見書があります。明治三十四年十二月七日、葉山の長雲閣で元老会議が開かれました。出席者は、山縣有朋、西郷従道、井上馨、大山巌《いわお》、松方正義の諸元老と桂太郎、小村寿太郎、山本権兵衛です。ここに提出されたものが小村意見書です。小村意見書に参加者全員が同意し、ここで日露戦争への日本の首脳部の意見が固まったのです。この小村意見書、少々難しいかもしれませんが、近代日本の最も重要な歴史的文献ですので、なんとか目を通してほしいのです。

「清韓両国ハ我邦ト頗《すこぶ》ル緊切《きんせつ》ナル関係ヲ有シ、就中《なかんずく》韓国ノ運命ハ我邦ノ死活問題ニシテ、頃《けい》刻《こく》ト雖《いえど》モ之《これ》ヲ等閑《なおざり》ニ付スベカラズ。故ニ帝国政府ニ於テハ、従来屢々《しばしば》韓国ニ関シ露国ト協商ヲ試ミタルモ、露ハ韓国ト境ヲ接シ、且《かつ》満州経営ニ関係アルガ故ニ、常ニ我希望ニ反対シ、為《た》メニ今日至ル迄未ダ韓国問題ノ満足ナル解決ヲ見ザルヲ遺憾トス。然《しか》ルニ一方ニ於テ、露ノ満州ニ於ケル地歩ハ益々固ク、縦令《たとい》今回ハ撤兵スルニ於テモ、尚《なお》彼レハ鉄道ヲ有シ、且之ガ護衛ナル名義ノ下ニ駐兵ノ権ヲ有ス。故ニ若《も》シ時勢ノ推移ニ一任セバ、満州ハ遂ニ露ノ事実的占領ニ帰スベキコト疑《うたがい》ヲ容《い》レズ。満州既《すで》ニ露ノ有トナラバ、韓国亦《また》自ラ全《まつと》フスル能《あた》ハズ。故ニ我邦ハ今ニ於テ速《すみやか》ニ之ヲ処スルノ途《みち》ヲ論ゼンコト、極メテ緊要ニ属ス」

事態のまことに怜悧《れいり》な観察です。いま読み返してみても、そう思います。日本はロシアにどう対処すべきか。小村の意見は、右の文章につづいてこうあります。「英と結び、其《そ》の共同の勢力を利用し、以《もっ》て露をして己《や》むなく我要求に応ぜしむるの外《ほか》良策なしと思料《しりょう》す」。すなわち、日英同盟の締結です。

イギリスがロシアを脅威とみなしたのは、シベリア鉄道の完成が間近に迫ったという事実のゆえです。アヘン戦争以来、清国内に築いてきた利権がロシアによって奪われる危険性を、イギリスは明らかに察知したのです。これを制するには、同盟が必要であることにイギリスはめざめます。日英同盟の成立です。

❖日英同盟——明治日本の外交的資産

イギリスに「光輝ある孤立」の伝統を捨てさせたのは、ロシアの脅威でした。駐英公使林董《ただす》とイギリス外務大臣ランスダウンの二人の署名によって、明治三十五年（一九〇二）一月三十日に、日英同盟は成立しました。

日英同盟は、その第一条において、こううたっています。イギリスの関心は主として清国、日本の関心は清国、なによりも韓国にある。それぞれの利権に対する侵略的行動が引き起こされた場合、さらには、清国と朝鮮の一方または双方において日英両国の利益を侵すような騒《そう》擾《じょう》が発生した場合には、両国は共同行動をとる、というのです。

また第二条では、日本がロシアと戦闘状態に入った場合には、イギリスは厳正中立を遵守《じゅんしゅ》し、第三国がロシアに加担して日本に敵対する場合には、イギリスが極力その排除に努めて日本を支援する、と書いてあります。実際、日露戦争において、イギリスは日本の安全保障の守護に忠実な行動を取ってくれました。情報提供、日本の戦時公債の引き受け、戦艦購入等により、イギリスは日本の勝利に大きく貢献したのです。

義和団事変の収束後のロシアは、貪欲にも満州占領をつづけました。これに対しては、日本はもちろん、欧米列強も強い不満をつのらせました。清国もまたさまざまなルートを通じて列強に支援を要請し、ついに満州還付を余儀なくさせるところにまでロシアを追い込んだのです。明治三十五年四月八日、満州還付に関する露清条約が結ばれました。

しかし、結局のところは、ロシアは満州還付条約を反故《ほご》としてしまったのです。さらには、新たな還付条件をもって清国に迫りました。もう一つの露清条約です。その第一条は、「清国は満州三省を何《いず》れかの外国にも譲与せざること」でした。ここで、小村はロシアとの直接交渉以外に方法なしと決意。開戦の意志を小村は桂に建策、対露問題に関する御前会議を開くことになりました。明治三十六年六月二十三日のことです。伊藤博文、山縣有朋、松方正義、井上馨、大山巌の諸元老、桂太郎、山本権兵衛、小村寿太郎、陸軍大臣寺内正毅《まさたけ》の九名の出席です。小村はここに対露交渉意見書を提出しました。これが第二次小村意見書です。これも重要な歴史文書です。ぜひ目を通していただきたい。

「露国ハ既《すで》ニ遼東ニ於テ旅順、大連ヲ租借セルノミナラズ、事実的ニ満州占領ヲ継続シ、進ンデ韓国境上ニ向ツテ諸般ノ施設ヲ試ミツヽアリ。若《も》シ此《こ》ノ儘《まま》ニ看過スルニ於テハ、露国ノ満州ニ於ケル地歩ハ絶対的ニ動カス可《べか》ラザルモノトナルベキノミナラズ、其《そ》ノ余波忽《たちま》チ韓半島ニ及ビ……多年該半島ニ扶植《ふしょく》セラレタル帝国ノ勢力ト利益トハ支持スルニ由《よし》ナク、其ノ結果終《つい》ニ帝国ノ存立ヲ危殆《きたい》ナラシムル迄ニ推移スベキヤ疑ヲ容《い》レズ。故ニ帝国ノ為《た》メニ計ルニ、今ニ於テ露国ニ対シテ直接ノ交渉ヲ試ミ、以《もっ》テ時局ノ解決ヲ図ランコト極メテ緊要ニシテ、今日ハ既ニ其ノ機熟シタリト云フベク、若シ今日ヲ空過セバ、将来再ビ同一ノ機会ニ逢着《ほうちゃく》スルコト能《あた》ハズ。大局已《すで》ニ去リテ憾《うらみ》ヲ万世ニ貽《のこ》スニ至ラン」

開戦やむなしの意見書です。御前会議ならびに閣議において、小村意見書は全員の合意となったのです。

❖ポーツマス条約

日露戦争は海戦をもって始まりました。まず、仁川《インチヨン》沖海戦で二隻のロシア太平洋艦隊を撃沈。次いで太平洋艦隊を旅順に閉じ込め、これを黄海に誘い出して打撃を与えたのが黄海会戦でした。その後、さらに二隻を蔚山《ウルサン》沖に沈めました。陸軍は司令官黒木為楨《ためもと》の率《ひき》いる第一軍が鴨緑江渡河作戦に成功、司令官奥保鞏《やすかた》の率いる第二軍が大連近傍の堅固な要塞南山を落としました。

日本軍一三万人、ロシア軍二二万人の大兵力がそれぞれ、満州軍総司令官大山巌と極東軍総司令官アレクセイ・クロパトキンに率いられて激突した大会戦が、遼陽会戦です。大きな犠牲を強いられながらも、日本軍はこれに勝利。直後、日本軍一二万人、ロシア軍二二万人の肉弾相食《あいは》む沙河会戦、その後の黒溝台会戦の激闘をも、日本軍は制しました。

日露戦争における最大の攻防戦、旅順攻撃では、乃木希典の率いる第三軍が死屍累々《ししるいるい》の山を築きながら数度の総攻撃を敢行し、旅順を陥落させました。明治三十八年（一九〇五）一月一日のことです。日本陸軍とロシア陸軍が、それぞれ二五万人、三七万人の大兵力をもって、二十日間にわたる攻防を展開した史上最大の会戦が、奉天大会戦です。緒戦のロシア軍の優勢を、第三軍司令官乃木希典軍の死力によって跳ね返し、ついにはこれに勝利したのです。

日露戦争の最後の最後が、広く知られる日本海海戦です。司令長官東郷平八郎に率いられた連合艦隊が、対馬沖でその剛胆で機略に満ちた戦略により、バルチック艦隊の主力艦のことごとくを葬り去った奇跡の「完全試合」が、日本海海戦でした。日露の運命を決する戦いだったのです。

日本海海戦における日本の勝利により、ロシア側の戦意は消沈しました。この海戦によっ

明治39年（1906）ころの満州

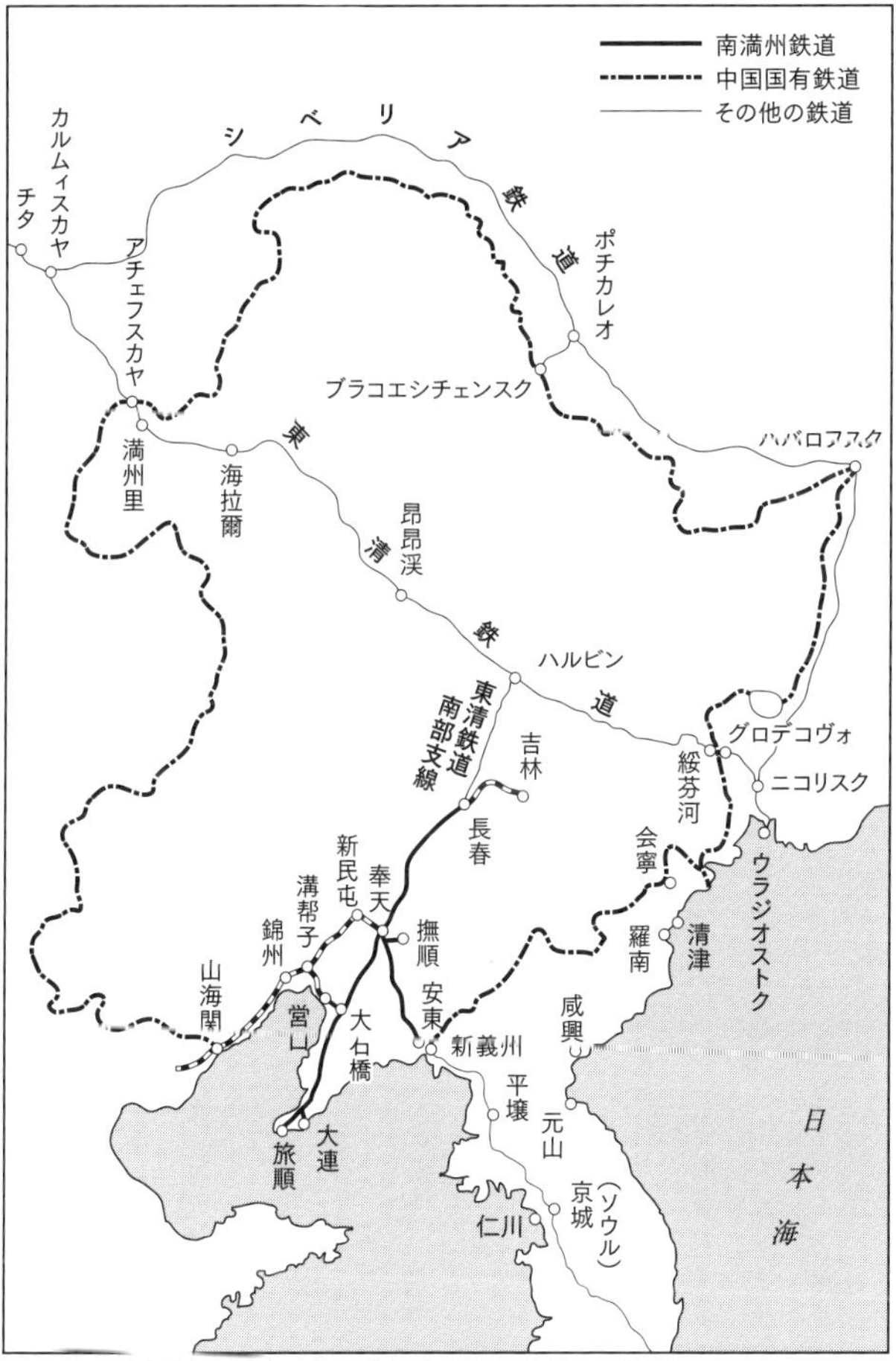

出所：御厨貴編『〈決定版〉正伝 後藤新平 別巻 後藤新平大全』（藤原書店）

て、ロシアも講和へと大きく傾いたのです。アメリカ大統領セオドア・ルーズベルトは、講和会議を開く準備に入りました。

ポーツマス講和会議が開始されたのは、明治三十八年八月。首相桂太郎は講和交渉のために出立《しゅったつ》する小村寿太郎に対して、閣議による決定として以下の三つの訓令事項を聖裁を仰いだうえで、与えました。

一　韓国ヲ全然我自由処分ニ委スルコトヲ露国ニ約諾セシムルコト。

二　一定ノ期限内ニ露国軍隊ヲ満州ヨリ撤退セシムルコト、之《これ》ト同時ニ我方ニ於テモ満州ヨリ撤兵スルコト。

三　遼東半島租借及ビ哈爾浜《ハルビン》旅順間鉄道ヲ我方ニ譲与セシムルコト。

そもそもロシアに対する宣戦の詔勅において、開戦の最大の論拠とされたものがこの三つです。すなわち、日本の最大の意図は、朝鮮を安定化させるためには、朝鮮を日本の「自由処分」に任すより他にないというものです。また、朝鮮に危機状態をつくり出すものがロシアの満州支配であるから、ロシアの満州からの撤兵が不可欠である、というのが詔勅の論理でした。

ポーツマス条約の締結により、ロシアの満州からの撤兵、遼東半島租借権、ハルビン旅順間の鉄道の譲与のいずれもが日本の主張通りになりました。ポーツマス講和会議で、談判がもつれ、決裂寸前にまでいたったのは、賠償問題ならびにサハリン割譲問題でした。しかし、結局のところは、賠償金支払いについては日本側が譲歩、サハリンについては北緯五〇度以南の割譲を日本がロシアから受けることで決着しました。

陸軍に継戦能力をいまだもつロシアに対して、日本は賠償金以外のすべての譲歩をロシアから勝ち取ったのです。加えて、サハリン南半分の割譲などを得たのですから、外交的にはこれは勝利だといわねばなりません。しかし、連戦連勝の勢いに胸を躍らせていた日本の国民は、ロシア側の譲歩があまりに少なく、日本の譲歩があまりに多いとして、小村の手腕に懐疑の目を向けました。そして、国論は非難囂々《ごうごう》たる勢いに転じてしまったのです。日比谷焼き討ち事件などが国民の怒りを象徴するものでした。

❖日露戦争と拓殖大学——従軍通訳と脇光三の殉死

日露戦争が、学園と無縁であったはずはありません。台湾協会学校は明治三十六年の専門学校令により、台湾協会専門学校となりました。日露戦争は学生の胸を騒がせ、祖国日本の勝利のために身を捧げようと考える学生を多く輩出したのです。戦争遂行のためには露語（ロシア語）、清語（中国語）、韓語（朝鮮語）に秀でた従軍通訳が不可欠でした。

当時の日本の陸軍や海軍には、外国語のできる軍人はわずかしかおりませんでした。陸海軍は、日本の各大学に従軍通訳者を派遣するよう要請、これに応じたのが台湾協会専門学校です。その数は在学生五四名、卒業生三四名、計八八名でした。

日露戦争に通訳として従軍した学生数は、外国語学校（後の東京外国語大学）が二一二名と最も多かったのですが、これは当然のことでしょう。東亜同文書院四九名を除くと、帝国大学四名などほんの数える程度の学生しか送っていません。台湾協会専門学校のこの面における貢献には、実に大きなものがあったのです。台湾協会専門学校の当時の幹事長であった門《かど》田《た》正経《まさつね》は、その感慨を次のように述べています。

「斯《かく》のごとき多数の従軍者を出し、聊《いささ》か奉公の誠を尽し得たるは、我協会の予期以外にして甚《はなは》だ満足に堪《た》へざる次第なり。其《そ》の出来栄《ばえ》の如何《いかん》は暫《しばら》く措《お》き、兎《と》に角、数の多さにより満州軍に於ける通訳勢の中に協会学校の巾《はば》を利《き》かせ居ることは事実なり。戦局の発展に随《したが》ひて将来とても、戦地に赴《おもむ》くもの或《あるい》は益々多きを算すべく、協会の効、決して没《ぼっ》す可《べ》からざるを知る」

従軍通訳を多数派遣できたことは、学生自身にとっても誇りでした。当時、学校の存在はいまだ社会に広く知られてはおらず、そのことを残念に思っていた学生も少なくなかったのです。従軍通訳の出現によって、社会の台湾協会専門学校をみる目が変化したことを、荒井金造は次のように率直に語っています。

「吾々が入学した頃、母校の存在を知って居る者は極めて少なく、知って居る近所の市民でさえも、母校の名を正確に叫ぶ者は皆無で、母校を台湾学校、吾々を台湾学校の学生とか中には台湾の学生と呼ばれたのである。二学年の時すなわち明治三十七年、日露戦争となるや、卒業生及び三学年生は高等官待遇、二学年生は判任官待遇で支那語通訳官に採用されて従軍することになり、これ等の同窓生は軍服姿に帯剣で母校に出入りするので、構内は俄《にわか》にざわめき立ち、出征の際には多数の学生が新橋駅まで毎度見送るので、世間の注目するところとなり、随《したが》って母校の存在を認められるようになったのである」

脇光三碑（拓殖大学八王子キャンパス）

日露戦争に従軍通訳として出征して行賞《こうしょう》を授かったものは、最終的に、明治三十九年四月一日付で九六名を数えました。

従軍通訳とは別に、陸軍の特殊任務に就いた学生もいました。日露戦争で殉死、その功績を後世に残そうと茗荷谷《みょうがだに》キャンパスの一隅に碑が建てられ、現在は八王子キャンパスに移設されている烈士、脇光三について少し語っておきたいと思います。

脇は、台湾協会学校の第二期入学という草創期の学生です。彼は明治三十五年（一九〇二）に中国に渡り、北京滞在中に日露戦争勃発の報に接しました。日本にとっての脅威は、シベリア鉄道を通じてロシア中央部から兵員、武器、弾薬等々が送られつづけ、ロシア軍が兵站《へいたん》上の優位に立つことでした。

脇は、このシベリア鉄道を破壊し、ロシアの後方攪乱《かくらん》を狙うという軍の特殊任務に就き、北京から満州へと向かったのです。変装を繰り返して危機を何度か乗り越え、五十日後にチチハル方面を走るシベリア鉄道に達し、鉄道爆破の準備中にロシア軍の偵察隊に発見され拘束。脇は、他の三名の特殊隊員とともに隙をみて逃亡したものの、逃げおおすことかなわず、銃殺されてしまいました。

脇は子供のころより軍人を志し、陸軍幼年学校へ進学しようとしたのですが、体格検査で不合格となり、明治三十三年に第二高等学校（現在の東北大学）医学部に進学。しかし、不穏なる極東アジア情勢と日本の立ち位置のことが気になってならなかったようです。ならばと、台湾協会学校入学を志願、身体の強化に努めるとともに、支那語の習得に懸命に励みました。その支那語の一層の錬磨を求めて北京に滞在していた時に、特殊任務参加への思いを深め、これに加わったというのです。

台湾協会学校の建学の精神を、みずから体現したかのようなこの脇光三という人物の存在が、後に学内で語り継がれ、後で述べる「興亜」運動の高まる昭和六年（一九三一）に、当時の学生たちが中心となって、キャンパス内にその碑が建てられたのです。

日露戦争勝利は、東アジアにおける日本の勢力圏を急拡大させました。台湾、澎湖諸島が日本の統治の下に入り、対岸の福建省、広東省への影響力も強化されました。また、朝鮮における日本の特殊権益がポーツマス条約で確認されました。日清戦争後の三国干渉により清国への還付を余儀なくされた旅順、大連などを含む遼東半島の日本の租借権もまた、ロシアの認めるところとなったのです。

この国勢の拡大に応じて、台湾協会は東洋協会へと改称、学校名も台湾協会専門学校から東洋協会専門学校へと変わりました。

第6講

なぜ「韓国併合」だったか

❖併合は避けられない選択であった

ポーツマス条約によって、日本による韓国の「自由処分権」が確保されました。自由処分権とは随分あからさまですが、帝国主義の往時にあっては一般的な外交表現だったのです。ここで韓国といいますのは、現在の韓国と北朝鮮を含む朝鮮半島の全域です。日清戦争に日本が勝利して、清朝君臣関係が破棄されて以降、朝鮮は大韓帝国となり、韓国と通称されるようになりました。

日露戦争が開始されると同時に、日本は韓国との間に、明治三十七年（一九〇四）二月、日韓議定書を取り結びました。その第四条では、韓国が第三国による侵略を受けたり、韓国内に内乱が発生した場合には、これを制するために、韓国は日本が行動しやすいよう便宜を与えることが条文化されました。

日韓議定書の調印から六カ月後には、第一次日韓協約を結んで、韓国の内政に関する日本の介入の権限をより大きなものとしました。韓国政府は日本人を財務顧問として任用すること、財務と外交に関する事項は日本政府の意見をただしたうえで施行すること、さらに、韓国政府は第三国との条約締結、その他の重要な外交案件については日本政府と協議してこれを実行すること、などがその内容でした。

日露戦争に備えて朝鮮半島を兵站《へいたん》基地化することが、日本にとっては避けられないテーマとなりました。朝鮮半島を縦貫する鉄道の敷設が急がれました。京城（ソウル）と釜山《プサン》を結ぶ京釜鉄道の建設が、特に急務でした。京釜鉄道会社を明治三十四年五月に設立、財界の大物であった澁澤栄一《しぶさわえいいち》を社長の任に当たらせます。全線四五〇キロメートルを超えるこの鉄道が完成したのは、明治三十八年一月一日、日露戦争の真っ最中、旅順陥落と同日でした。翌年四月には、京城を発し開城《ケソン》を経て中朝国境の新義州にいたる、五〇〇キロメートルの京義線全線が開通しました。

韓国の後背地が満州です。韓国の安定的統治には、満州での日本とロシアの勢力範囲の策定が必要です。そのための日露協約が締結されました。明治四十年七月のことです。ここで、韓国における日本の自由処分権をロシアが改めて確認、外モンゴルにおけるロシアの特殊権益を日本が認める、というのがその内容でした。

アメリカとの間でも、日本がアメリカのフィリピン領有を承認するのとひきかえに、アメリカが日本の韓国統治を承認するという相互協定が、明治三十八年（一九〇五）七月に結ばれました。桂・タフト協定と呼ばれるものです。

また、日露戦争末期の明治三十八年八月には、成立後五年を条約の期限としていた日英同盟が改定の時期を迎えました。韓国に対する日本の保護権をイギリスが承認するかわりに、条約の適用範囲を英領インドにまで拡大することになりました。日英同盟の、世界におけるプレゼンスが一挙に広がったのです。日本の韓国における自由処分権は、ポーツマス条約でロシアにより確定され、その後、アメリカ、イギリス等によって、幾重にも承認されたのです。日本による韓国保護国化への道を阻止するものは、なにもなくなっていました。

伊藤博文が満州旅行の途上で立ち寄ったハルビン駅のプラットホームで、韓国独立運動の志士により狙撃され死去するという急迫の事件が発生しました。明治最高の元勲《げんくん》伊藤の暗殺は、日本人の対韓感情を一挙に悪化させたのです。

首相桂太郎は、韓国併合を叫ぶ国内世論、特に、有志者集団である対韓同志会が盛りあげた議論、日韓合邦《がっぽう》を主張する韓国人有志グループ「一進会」の陳情などを受けて、併合への決意を固めます。桂は、併合に消極的であった曾禰荒助《そねあらすけ》を更迭《こうてつ》、積極派の陸軍大臣寺内正毅《まさたけ》を第三代統監として派遣、陸相と統監を兼務させました。明治四十三年八月には、「韓国併合に関する条約」が韓国内閣総理大臣李完用と寺内との間で締結されました。韓国併合です。

❖三・一運動を経て文治統治へ

大正八年(一九一九)三月一日に起こった「三・一運動」は、反日運動の規模として最大のものでした。この日、京城市内の料理店で有志が独立宣言を発しました。同市パゴダ公園に集まった学生が、同日正午に行動を開始し、太極旗を打ち振り独立万歳を叫んで街頭デモを展開、これに群衆が加わって騒擾《そうじよう》事件となったのです。朝鮮総督府は日本政府に救援を求め、派遣された兵士と駐留警察官が鎮圧に打って出ました。同事件は同年夏までに収束、沈静化しました。

この事件を目《ま》の当たりにした日本政府は、武断型統治を文治型統治の方向へ改変することにしたのですが、この文治型統治が功を奏して、朝鮮半島の統治は、以降、安定期に入っていきます。

『ロンドン・デイリー・メール』紙の特派員として、当時の韓国の実態を精細に観察、後に『ロンドン・タイムズ』の記者ともなって、日韓の抗争史を『朝鮮の悲劇』(平凡社)として著《あらわ》したのが、フレデリック・アーサー・マッケンジーです。当時の朝鮮のことをよく知る、第三国の代表的ジャーナリストです。実は、彼はこの著作の中で、日本の峻厳な韓国支配について、一貫して仮借《かしやく》のない批判を加えているのですが、その彼でさえも次のように記しています。

「日本軍は、当初、非常な節制のもとに行動した。彼らは、自分たちに敵対した韓国官吏たちを処刑せずにそのままにしておき、そのうちの幾人かはただちに日本側の仕事に採用したりした。北方へ進撃中の部隊は、厳格な規律を保ち、住民を丁重に扱った。徴発した食糧にも公正な代価を支払い、運輸人として軍役に動員した数千人の労働者に対しても、鷹揚《おうよう》にしかも敏速に補償を行なって彼らを驚かせた」

「私は、戦争の初期に、主として北部地方をずっと旅行していたが、その最初の数週間の間、私はどこでも、韓国の国民から日本軍に対する友好的話題ばかりを聞かされた。労働者や農民たちも友好的であった。彼らは、日本が自国の地方官僚どもの圧制をただしてくれるように望んでいたからである。また、上流階級の人びとの大部分、とくになにほどか外国の教育をうけたような人たちは日本の約束を信じ、かつ従来の経験から推《お》して、自国の遠大な改革の実施は、外国の援助なしに遂行し難いと確信しており、そのため日本に心を寄せていた」

❖韓国併合に関するヘンダーソンの解釈

韓国民の中にも、自国のみによって韓国の近代化を図ることは不可能であり、日本との合邦によりこれを実現するより他ないと考える、一群の有力な人々の集団がありました。「一進会」に集った人々がその典型です。参加者数は一四万人、実際には数十万人に及ぶ往時の韓国最大の社会集団でした。自国民による近代化が不可能であるとする絶望が、日本との合邦による近代化以外に道なしと考える人々の結社、一進会を生んだのです。

日韓合邦による韓国の近代化の推奨者などといえば、どうせ日本の傀儡《かいらい》派か、売国的集団だというのが通例です。そのように主張するのはいかにも容易です。しかし、果たしてそうでしょうか。「衛正斥邪《えいせいせきじゃ》」の思想に染め上げられ、血族・門閥に「分化」し、各地を横断的に、各階層を縦断的につなぐ社会原理をもたず、また、もつことを許されなかったのが李朝時代です。特に、その末期において、日本の開国・維新のような自立のための挙国一致を求める凝集力が、韓国に実際に存在していたのでしょうか。残念ながら否といわざるをえません。

伝統社会から近代社会への変革期においては、既得権益の守護者と破壊者との間での相克《そうこく》、それに由来する社会的混乱や騒擾は避けられません。日本の開国・維新期においても、尊皇派と佐幕派との暗闘は時に激しいものでした。しかし、日本の場合は、外国の手を借りることはありませんでした。自力で対立を解消し、王政復古の明治維新を完成させ、開国の衝撃にみずから耐え、富国強兵・殖産興業に向けて大同団結、近代国家の形成に向かったのです。

同様のことが、韓国において可能だったでしょうか。やはり不可能であったといわざるをえません。外国からの干渉を排するには、開国・維新による近代化と富国強兵をみずからの手で実現するより他に方法はないと日本の指導者は考えたのです。率直にいって、それは韓国においては不可能であったことを歴史が証明しています。

近代化が不可能であれば、外国による支配は避けられない。これが帝国主義時代の常識です。列強による領土争奪が恒常化していた帝国主義時代においては、弱者に「生存空間」はなかったのです。弱者に残されたのは、韓国の近代化を不可欠なものとする外国の影響下に入り、それによって近代化を達成する以外に道はありませんでした。

アメリカの国務省のスタッフとしてソウルと釜山で勤務、後にアカデミズムの世界に入って、ハーバード大学国際問題研究センターなどで朝鮮政治分析に携《たずさ》わり、いまなおこの分野で第一級の著作として知られる『朝鮮の政治社会』（サイマル出版会）を著した研究者に、グレゴリー・ヘンダーソンがいます。

ヘンダーソンは、日韓合邦による韓国近代化の方式は、「自分の民族に対して行なわれた反民族主義的大衆運動」だと皮肉な表現を使っています。これは世界の政治史において稀《まれ》なる事例だといい、さらに次のように語っています。往時の韓国の実情を眺めて、まことに鋭い観察だと私には思われるのです。

「深刻化して行く朝鮮の無力化に乗じて繰り広げられた、一八八四年から一九四〇年に至る外国勢力によるシーソーゲームのなかで、改革を志す朝鮮人は、清国中国はもっとも反動的であり、帝政ロシアの反動ぶりも似たりよったりで、米国は朝鮮に無関心で、韓国政府が無能であると感じていた。ひとり日本のみが、積極的に明治の改革を推進しており、彼らにおおいに訴えるところがあった。日本からは朝鮮に数千人の移住者があり、有効な市場網をはりめぐらせもっとも活動的な顧問団を送り、そしてなによりも軍隊を駐留させていた。この時代の大部分の改革者は日本をあてにしていたのであり、日本もまた全般的に彼らを支援したのであった」

「ロシアは反動的であり遠かった。これに比べ日本は改革主義的であったばかりではなく、地理的にも近く、その文化と言語はロシアほど外国的でなく、その留学生交換ははるかに積極的であり、勝利の可能性は強かった」

韓国併合が、現代に生きる韓国人にとって、手ひどい鬱屈《うっくつ》の歴史であることは私も十分に承知しています。日本人にとっても、こんな手荒い方法で隣国を支配してしまったことには、いまなお胸に痛いものを感じます。できることであれば、もっと別の道を選択したかったという思いは、私の胸からも消えていません。

しかし、その後の歴史の動向が明らかになった現時点に立って判断しても、併合より他に方策があったとは考えにくいのです。

日露戦争での敗北によって、ロシアの朝鮮半島支配への野望が消えてしまったのではありません。ロシアの脅威がなかったのであれば、韓国の独立を承認して日本がその近代化に助力し、二国の善隣関係を保ちつつ、福澤諭吉が期待したように「共に亜細亜を興《おこ》す」（興亜）友邦となることが可能であったかもしれません。しかし、現実的には、この想定はまず成立し難いものでした。

ロシアは、日露戦争に敗北したとはいっても、なお相当の軍事力を温存したうえでの敗北でした。日本は勝利したけれども、奉天大会戦あたりで軍事力をほぼ完全に使いつくしての辛勝でした。大国ロシアが報復戦を日本に挑んでくることは大いにありうる、という日本人の恐怖感（恐露論）には、なお根強いものがありました。

シベリア鉄道の完成後には、ロシアが本気になれば、韓国占領も不可能ではなかったかもしれないのです。少なくとも日本人の多くが、ロシアをそのような北の脅威とみていたことは、厳然たる事実です。そうであれば、残念ながら韓国併合は、日本に残された唯一の生存の道だったのです。

加えて、このころになれば、日本の韓国に対する見方もかなり辛辣《しんらつ》なものとなっていました。時に親日、時に親露、時に親清と、つねに強いものに「事大」して自国を守護してくれる相手国を次々と転じ求める気概のなさに、多くの日本人はうんざりしていたのです。

❖韓国併合と発展基盤形成

現代の韓国人になお強い鬱屈を与えているのが、韓国併合です。しかし、韓国人は誰も語りたがらないのですが、この併合によって韓国の歴史に例をみなかった発展基盤が整えられたことは、疑いようのない事実です。

この事実を端的に示すものが、韓国併合によって生じた人口の劇的な増加です。日韓併合時、明治四十三年（一九一〇）の韓国の総人口は一三一三万人でした。しかし、昭和十七年

（一九四二）には、これが二五五三万人となりました。

人口増加を可能にしたものが、韓国の経済社会の持続的な近代化にあったことはいうまでもありません。まずは農業の近代化でした。朝鮮総督府は、米作、綿作、養蚕、畜産の四部門で、技術者養成と研究開発のために、朝鮮農会法を発布し施行しました。

この法律により、可耕地が拡大したのです。韓国併合前、田畑を合計した可耕地の総面積は二四七万町歩でしたが、併合後の大正七年（一九一八）には四三四万町歩となりました。米の増産に格別の努力が注がれました。大正十三年には、併合直前の二倍の増産が可能となったのです。反収は明治四十三年の〇・六八石《こく》が、昭和十二年（一九三七）には一・六三石となりました。

明治三十七年には、大蔵省主税局長の目賀田種太郎《めがたたねたろう》が財政顧問として招聘《しょうへい》されました。彼の指導により朝鮮金融組合が設置され、これが朝鮮の農業開発を推進する中心的機関となりました。朝鮮金融組合の幹部として縦横の働きをした人々が、拓殖大学の卒業生であったことは後で述べます。

産米増産は肥料需要を拡大させました。鴨緑江水系の豊富な水力資源に注目した野口遵《したがう》は、大正十六年に朝鮮水力電気株式会社を設立しました。この水力を利用して朝鮮窒素肥料株式会社を設立。この会社は当時、世界でも有数の規模を誇る肥料工場でした。化学肥料生産が一挙に拡大しました。農会を通じての窒素肥料の共同購入・販売により、農業の土地生産性が上昇、米の反収増加は、この肥料増産によって可能となったのです。

日本の企業家は、第一次大戦期に大いに資本蓄積を進めました。この日本の大企業が朝鮮への進出を開始します。大正九年には、工場数二〇八七、従業員数五万五二〇〇人、昭和四年にはこれがそれぞれ四〇五二、九万三七〇〇人となりました。黄海道における三菱鉄鋼所、釜山における朝鮮紡績工場、興南地方における朝鮮窒素肥料工場、平壌郊外の小野田セメント工場などです。

目賀田は、財務顧問として貨幣制度の整備、朝鮮金融組合の拡充に努めました。朝鮮総督府から金融支援を引き出し、金融組合の発展に寄与したのです。話が前後しますが、目賀田は就任と同時に、全国土地調査を実施、統治すべき地域の土地状況を徹底的に調査しました。台湾における後藤新平と同様です。特に、脱税の温床となっていた未登録の土地を含めて、土地所有権のありかを確定し、徴税基盤を固めました。

土地調査事業につづいて、治水事業をも開始。当時の朝鮮の山には樹木が少なく、保水能力はきわめて乏しいものでした。総督府は、砂防工事、山林復活などの治山治水事業を展開、可耕地面積の拡大に寄与したのです。

韓国の工業化において中心的な役割を演じたのが、野口遵の率いる日本窒素肥料株式会社でした。同社は肥料工場の経営により蓄積した資本をもって、朝鮮北部に一大化学コンビナートを建設しました。水素、アルミニウム、航空機燃料、合成ゴムなどの軍需関連分野を中心とした、「日窒コンツェルン」の名にふさわしい多角的経営を展開したのです。

このコンビナートは、朝鮮戦争で大きなダメージを受けたのですが、修復して興南地方で北朝鮮最大の工業地帯となっています。加えて、朝鮮北部は、鉄鉱石、銅、鉛、亜鉛などの鉱産物を豊富に擁しています。軍需関連資源の開発事業が活況を呈したのです。

教育の近代化についても、記しておかねばなりません。韓国併合の時点では、ミッション系スクールと日本人学校を含めても、小学校は全国で一〇〇前後でした。総督府は、「一面（村）一校」を目標と定めて、学校の増設に乗り出したのです。公立学校は昭和十一年（一九三六）には二五〇〇校、昭和十九年には五二一三校となりました。同年の児童数は二三九万八〇〇〇人を数えました。

高等教育の拡充も図られました。大正十三年（一九二四）には京城帝国大学が創設され、大阪帝国大学や名古屋帝国大学よりもはやい大学教育の開始となりました。これらの事業は「日本は韓国でもいいことをやった」という程度のものではありません。

一九六〇年代に始まる「漢江《ハンガン》の奇跡」と呼ばれる韓国の急速な経済発展を支えたものが、韓国併合時代に建設されたハード、ソフト両面での基盤整備にあったことはまぎれもありません。この発展により、韓国は他の開発途上国にとって、最も優れた開発モデルとみなされるようになったのです。この事実は、韓国と日本双方の尊厳のためにも、後世に正しく伝えていかねばなりません。

第7講

韓国統治の中の拓殖大学

❖貧農救済を求めて朝鮮金融組合に集う卒業生たち

明治四十年一月に、台湾協会が東洋協会と改称、これにともない台湾協会専門学校も東洋協会専門学校となりました。

朝鮮統治時代における東洋協会専門学校の貢献の中で特記すべきは、目賀田種太郎《めがたたねたろう》の努力によって創成された朝鮮金融組合の枢要ポストを、この東洋協会専門学校出身者が占めたという事実です。

当時の朝鮮の農村は、地主小作制度下にありました。農民は、高率の小作料と重税で苦しめられ、増産意欲を阻喪《そそう》していたのです。朝鮮金融組合の第一期理事を務めた山根諶《さとる》は、当時の朝鮮農村の窮状について、次のように述べています。

「当時の朝鮮の農村は全く疲弊の極にあった。毎年食糧を地主に仰ぎ、金融を高利貸に求めなければ生活の維持ができない実状で、農民は収穫期には収穫するが、その収穫物は直ちに右から左へと地主もしくは高利貸への償還に引き当てる有様で、収穫後二、三ヵ月を維持する食糧が残れば、先《ま》ず普通以上の部に属する位である。地主より春夏の候、一石《こく》半を収穫期に返すのが普通である。金利も亦《また》年七割二分にもなる高利であった。こうしたことを鑑《かんが》みると農村の疲弊は真にやむを得ない状態に置かれたというべきである」

厳しい飢えを忍ばなければ、春麦の収穫までの端境期《はざかいき》を生き延びることのできない「春窮」は、当時の朝鮮をあらわす、象徴的な言葉でした。春窮は「ポリコゲ」ともいいます。ポリとは麦、コゲとは峠《とうげ》のことです。端境期の峠が越せない貧しさのことです。山根がみたものも、そういう朝鮮農村の貧困だったのでしょう。

目賀田は、この現状を打開しようと決意し、小作や小規模農民（小農）など貧困農民を対象とする、朝鮮金融組合の設立に漕《こ》ぎつけました。朝鮮金融組合の設立は、明治四十年七月のことでした。金融組合は、朝鮮統治の諸事業の中でも、画期的なものだったのです。

朝鮮金融組合の組織の広がりとともに、貧農の増産インセンティブ（誘因）が強化され、その成功モデルがいくつも生まれ、次第に朝鮮全土へと大きな広がりをみせるようになりました。その広がりの中心にいたのが、東洋協会専門学校の卒業生でした。明治四十一年の東洋協会専門学校の卒業式で、目賀田は次のように述べています。

「本校の卒業生の特色は如何《いか》なる仕事でも辞せず、即ち与へられた仕事に奮《ふる》つて応ぜらるゝと云《い》ふことを承《うけたまわ》り及んだのであります。私の短き経験に依《よ》りまして如何にも其《そ》の如《ごと》く本校の卒業生は、其の就職の事務の如何を論ぜず、勇んで且《か》つ奮つてこれに応ぜらるゝ、実績を求めた次第でありまして、是《ここ》に於て私は深く本校の卒業生の特色を喜ぶのであります」

明治四十年七月に卒業式を終えた学生六七名のうちの一八名、既卒業者一二名を加えた三〇名が、韓国政府財政部顧問部に向かい、そこから朝鮮各地に赴《おもむ》いて金融組合の創成に力を振るったのです。業務開始は同年十一月、光州金融組合、つづいて水原、羅州、尚州、星州、慶州、密陽、普州、平壌、安州と設立されていきました。設立の七年後の大正三年（一九一四）の金融組合総数は二一〇、組合員八万人の規模に達しました。

明治四十二年と四十三年の調査によりますと、東洋協会専門学校出身者一〇一名中、地方金融組合に就任した者の数は、五〇名に及んだそうです。この大事業の基礎を構築した者こそ、東洋協会専門学校出身者であったことは、忘れられてはなりません。

バングラデシュのチッタゴン大学教授のモハメド・ユヌスが、貧農を対象としたマイクロクレジット機関を創案し、その小口金融が功を奏して、貧困農民の救出に成功、その成果によりノーベル平和賞を受賞したことは、広く知られています。しかし、それより一世紀ほど前に、日本人の目賀田種太郎と東洋協会専門学校卒業生が、同種のアイデアをもって朝鮮を舞台に、実に、みるべき成果を収めていたことに、改めて注目してほしいのです。

東洋協会専門学校出身の金融組合の理事たちは、いずれも朝鮮事情と朝鮮語に通暁《つうぎょう》していました。東洋協会専門学校の指導者たちは、三年の修学期間では現地での業務に携《たずさ》わるには不十分だ、という認識をもつようになります。特に、朝鮮という国の文化や伝統は、日本とは異質です。それゆえ、少なくとも一年間の朝鮮での現地教育が必要だ、と指導者は考えたので

朝鮮金融組合のネットワーク（大正12年）

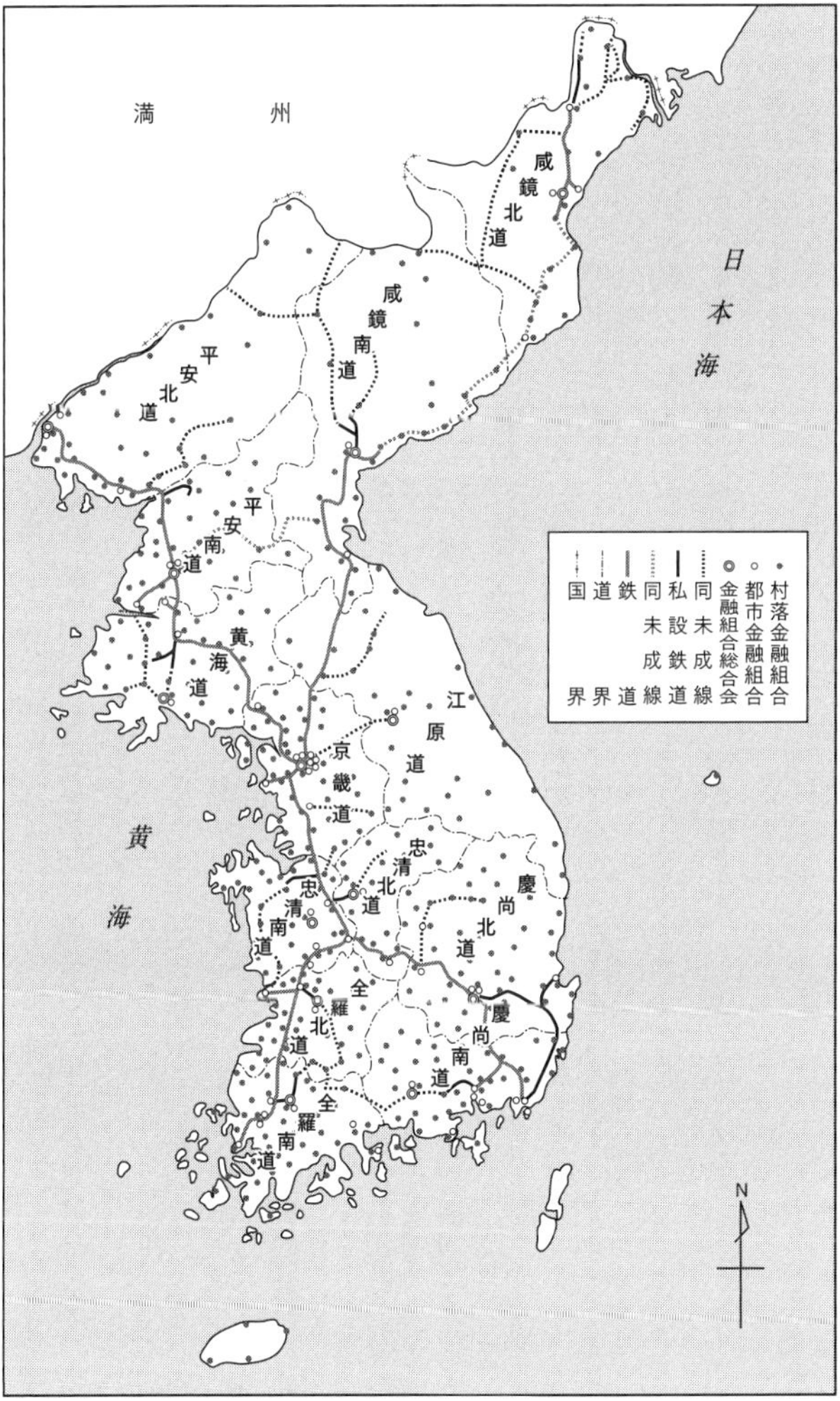

す。東洋協会専門学校は、急遽《きゅうきょ》、京城（ソウル）での分校設置を決定、明治四十年十月に開校。二年間の茗荷谷《みょうがだに》の本校で朝鮮語、朝鮮事情、朝鮮史を学び、最後の一年間を京城分校で、現地の雰囲気を体感しながら修学するというプログラムでした。

東洋協会専門学校出身の学生が、朝鮮金融組合の理事に優先的に採用されたのは、こうした分校設置の直接的効果でした。東洋協会専門学校は、設立後のきわめてはやい段階から、現地での語学教育の重要性にめざめたのです。当時、このような試みに出た日本の教育機関は、他にありません。

東洋協会専門学校京城分校開校から間もない明治四十三年には、大連商業学校、旅順語学校が設立されました。大連商業学校は、英語、清語、簿記、算術といった実用的な科目を中心とし、当初は修学年限の短い、補習校的な色彩の濃いものでした。しかし、明治四十五年には、文部省の認可を受けて、予科二年、本科三年の五年制の商業学校となりました。

同時に開校された旅順語学校は、清語科、英語科からなる、文字通り実践的語学の習得の場でした。修学年限は随分と弾力的だったようです。さまざまな職業や年齢の人々が、主として夜間に、必要に応じて語学の習得に励む場でした。その時点で、二八一名の在籍者がいたという記録が残されています。

東洋協会台湾支部所属の台湾商工学校が大正六年に開校したことはすでに述べました。東洋協会は、台湾、京城とならんで、大連や旅順にも教育組織を擁していたのです。こんな民間組織は、当時の日本には他にありません。

❖朝鮮で聖者と呼ばれた日本人

日本近現代史家のひとりに、田中秀雄という人がおります。同氏は『石原莞爾の時代』（芙蓉書房出版）などにより、すでに名をなしたノンフィクションライターです。同氏が平成二十二年に『朝鮮で聖者と呼ばれた日本人 重松髜修《まさなお》物語』（草思社）を刊行しました。この埋もれた日本人を発掘して、その思想と行動を私どもの前に明らかにしてくれた田中秀雄に、私は敬服しています。

このノンフィクションの主人公の重松髜修は、東洋協会専門学校に明治四十五年に入学しました。学長桂太郎に深く傾倒し、恩賜金拝受式典などで発せられる桂の訓辞を胸に刻みつけ、朝鮮近代化のための「草の根」協力に献身しようと心に誓います。もちろん、習得した言語は朝鮮語です。在学中の大正二年（一九一三）の夏休みには、友人たちと朝鮮を無銭旅行し、その苦労の中で朝鮮語を身につけました。

大正四年、東洋協会専門学校を卒業すると同時に朝鮮総督府に入り、その土地調査局に勤務、済州島での実務に当たりました。そこで朝鮮金融組合のことを伝え聞き、これこそ朝鮮の宿痾《しゆくあ》のような農村貧困を救済する有効な方式であると確信して、組合に奉職することを決意します。重松は朝鮮総督府を退官、平安北道の新義州の地方金融組合での見習いを経て、平壌から東北方向へ一五〇キロほど離れた狼林《ランリム》山脈の中の、陽徳という町の金融組合の理事となりました。

三・一事件といわれる反日的な政治運動が陽徳にも及んで、大変な騒擾《そうじよう》事件となり、これに重松は巻き込まれたのです。暴徒に拳銃で右足を撃たれて、もはやこれまでと観念したところを、金融組合所属の農民たちが必死で重松を救出、治療に当たってくれ、一命をとりとめました。陽徳から元山に運ばれ、元山を経て平壌にたどり着きました。平壌の病院での治療が奏効し、病が癒えるころに今度は平壌の平安金融組合に迎えられ、ここで勤務しました。右足は不自由となり、ステッキを手放すことができない状態でした。

平壌でのいわばサラリーマン生活といいますか、事務職的な仕事を重松は好んではいませんでした。農民と一緒になって貧困農村をなんとか開発したいという夢を捨てきれず、地方の一理事としての派遣を懇請する要望書を、重松は組合本部に出しました。これが受け入れられて、今度は平壌から東に四〇キロの江東郡地方金融組合で働くことになったのです。

重松には一つのアイデアがありました。そのアイデアは、要するに副業です。養鶏がさしあたりの手がかりとしてはいいのではないか、技術的にはそんなに難しくはないし、なにより操業資金は小口で足りる。そのころの重松は、元山で必死に自分の看病に当たってくれた日本人女性マツヨと結婚、マツヨの深い共感を得て、夫婦で江東郡の貧農の救済に尽力したのです。田中秀雄の著作にはこうあります。

「帰宅して妻に養鶏計画を打ち明けた。鶏舎を建てて、鶏を飼う。初めは少ないがいずれは相当な規模になる。卵から孵化《ふか》させて雛に育て、成鶏にしてまた卵を孵化させて雛を、という形で増やしていく。有精卵を無償で農家に配布する。これは我々だけでやる。人に迷惑はかけられない。自分が孵化の担当。お前は雛の飼育をやってくれないか。自分はふだんは組合の仕事がある。全部はできない。しかし朝はできるし、夜もできる。その間はお前がやってほしい。

〃一緒にやります〃とマツヨは言って微笑んだ」

さて、そのための費用をどうやって工面するか。公的資金の当てはない。節約に節約を重ねて、金融組合からもらう給与から生活費を差し引いた残りのすべてを、農民の副業資金に充当したそうです。鶏が産んだ卵を市場に出し、売り上げのうち固定費用を差し引いた余剰を金融組合に預け、その貯金があるレベルに達したところで、今度はこの資金をもって牛を購入させる、という計画を重松は立てています。

「昭和五年一〇月、江東農民が購入した牛の頭数は五〇頭に達した。金額にして一二〇〇円である。彼らの多くが初めて得た自分の牛であった。今まで必要なときは所有者から有償で借り

江東金融組合理事重松髜修記念碑

ていた。自分の牛であることは彼らにとっての歓喜であった。勤労と貯蓄が大きな生活の喜びになることを重松は農民たちに教えたのだ」

　重松の活躍は朝鮮金融組合で広く知られるようになり、そのことが日本の皇室にも伝えられたのです。昭和九年（一九三四）一月、重松は高松宮から農山村功労者として表彰されることになりました。目録には次のように認《したた》められています。

　副業奨励ニ力ヲ効《こう》シ農村ノ振興ニ盡《つく》サルル処
　尠《すくな》カラサル趣
　宣仁《のぶひと》親王殿下ノ耳ニ達シ功労表彰ノ思召《おぼしめし》ニ
　依《よ》リ有栖川宮《ありすがわのみや》記念
　厚生資金ヲ以《もつ》テ銀製花瓶壱個賜與《しよ》相成　候　也《あいなりそうろうなり》

　重松にとってなにより嬉しかったのは、江東郡の金融組合で在任中、重松の「頌徳碑《しょうとくひ》」を農民自身が建ててくれたことです。写真の中央に写っているのが重松です。碑文には「江東金融組合理事重松髜修記念碑」と刻まれています。

恩賜金拝受

明治の時代も終わろうとしていました。明治天皇が崩御されたのは、明治四十五年（一九一二）七月三十日、同時に皇太子嘉仁《よしひと》親王が践祚《せんそ》（皇位継承）。元号は大正と改元されました。天皇崩御の三カ月と少し前の明治四十五年四月二十三日、東洋協会専門学校に対して金一封が宮内省より下賜《かし》されたのです。下賜の理由を記した「御沙汰書《おさたがき》」の写しを掲載しておきます。改めて活字で示しますと、

東洋協会専門学校
其《その》校創立以来多数ノ生徒ヲ教育シ、其成績不尠《すくなからざる》趣《おもむき》被聞食《きこしめしめされ》思召《おぼしめし》ヲ以《もっ》テ金壱万円下賜候《そうろう》事《こと》
明治四十五年四月二十三日　宮内省

とあります。明治三十三年の創立以来の、台湾協会学校、台湾協会専門学校、東洋協会専門

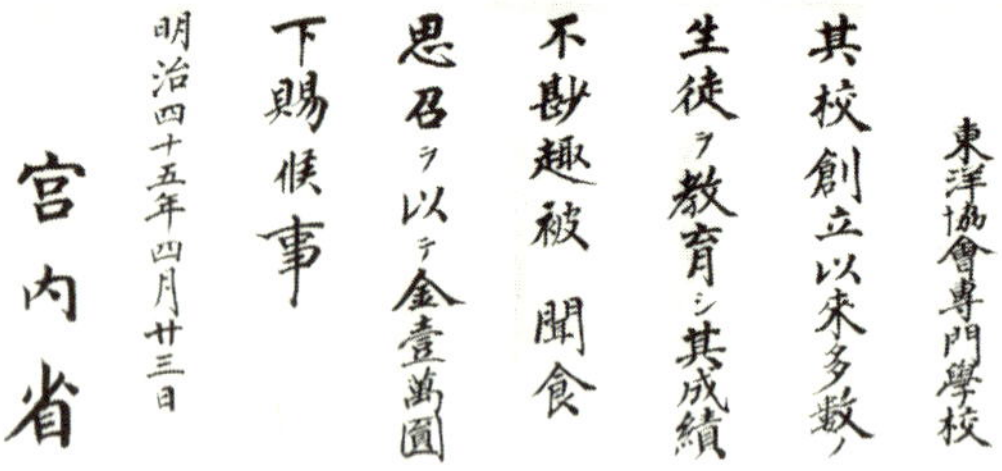
東洋協會專門學校
其校創立以來多數ノ
生徒ヲ教育シ其成績
不尠趣被　聞食
思召ヲ以テ金壹萬圓
下賜候事
明治四十五年四月廿三日
宮内省

金一封の理由を記した宮内省からの「御沙汰書」の写し

学校の社会に対する貢献が、明治天皇のお心にも伝えられての「御沙汰」です。当時の関係者の喜びと誇りは、いかばかりであったでしょうか、想像するにあまりあります。

　この恩賜金下賜の慶事を後世に伝えようと、茗荷谷キャンパス内に建築されたのが、大正三年（一九一四）十一月に開館された恩賜記念講堂です。その講堂の前に建っている銅像は、桂が「御沙汰書」を同年四月二十七日の恩賜金拝受の式典で読み上げている姿を写し取ったものです。

　この記念講堂は、第二次大戦の東京空襲により被災、原型をとどめなくなってしまいました。現在、八王子キャンパスにある恩賜記念講堂は、平成十二年（二〇〇〇）の創立百周年を記念して、残されていた旧講堂の原設計図をもとに復元されたものです。

　桂は、明治天皇崩御の直後、内大臣兼侍従長として宮中に入るため、建学以来、長年にわたった学長職を退かざるをえませんでした。この時期での恩賜金下賜は、桂にとってさまざまな意味の込められた、万感胸に迫るものであったに相違ありません。

桂は、大正二年（一九一三）十月に逝去しましたので、銅像の立像は、死の直前の姿です。いかにも明治の大政治家を彷彿《ほうふつ》させる凜《りん》たるその姿は、当時の東洋協会専門学校の誇りと志のありようをいまに伝えています。

❖明治とは、いかなる時代であったか

明治の日本を一言でいいあらわす用語はなんでしょうか。「不羈《ふき》独立」ではないでしょうか。「不羈」とは、〝自由奔放で束縛《そくばく》を受けないこと〟の意、「独立」はいうまでもなく、〝独り立つ〟ことです。

他国の干渉や介入による束縛を許さず、みずからの方針はみずからの意志で決定して独り立つ、真に自立的な国家の建設を求めて、あくことなく努めた時代が明治です。日清・日露戦争は自立を掌中にするための、やむにやまれぬ戦争でした。

開国・維新は、日本の近代史にとっての画期でした。とはいえ、往時の帝国主義列強にとっては、明治維新とて、極東の小国に生じた些末《さまつ》な政治変動の一つにすぎません。実際、幕末に日本が欧米列強と取り結ばされた条約は、治外法権が相手国だけに認められ、関税自主権をも与えられない、片務的で不平等なものでした。強者が弱者を支配することが、当然視されていた時代の産物です。不平等を平等なものに変えるには、みずからが強者になるより他に方途は

ない。明治の日本はそれをやり遂げたのです。

イギリスが日本における治外法権を撤廃したのは、日清戦争の直前のことです。アメリカなど、列強の治外法権撤廃は、日清戦争の勝利によって日本の実力が認められて以降のことでした。関税自主権の回復は、日露戦争に勝利してから随分後の、明治四十四年まで待たなければなりませんでした。列強との不平等条約の改正に、日本は明治の全期間を要したのです。大日本帝国憲法を制定し、帝国議会を召集して近代立憲国家システムの成立を急いだのも、不平等に甘んじているわけにはいかない、そういう明治人の「不羈独立」の気概のゆえであった、といっても少しもいいすぎではありません。

「不羈独立」を求めて、ひたすら近代国家の建設をめざし駆け抜けた時代が明治です。この時代にあっては、国家の興隆と国民一人ひとりの人生との間には、ほとんど矛盾というものがなかったのです。秋山好古《よしふる》・真之《さねゆき》兄弟、正岡子規の三人が織りなす大河小説、司馬遼太郎の『坂の上の雲』（文春文庫）は、個人の栄達が国家の興隆と同じ文脈の中で営まれ紡がれていた、日本の青春時代を描いた名作です。

拓殖大学の明治史を通じて、私がつくづく思い知らされたのは、拓殖大学が明治の時代精神とともにあったという事実です。拓殖大学の卒業生は、明治日本の国勢の伸張とともに、台湾、朝鮮、満州の各地に赴き、多くの場合、それぞれの地域の中央ではなく地方の草の根に入り込み、地方の開発のためにひたすらの労苦を重ねたのです。しかし、その労苦は、彼らの心理の内面にまで入ってみれば、青春の歓喜と裏腹のものとして抱えもたれていたのです。私はこのことを、卒業生が各地方から頻繁に大学に送信してきた便りから知ることができました。便りの多くは、まぎれもない名文です。

国家と個人が労苦と歓喜をともどもに共有できたこの時代を、私は恋慕しています。拓殖大学という一つの組織の消長を通じて、明治という躍動的な時代を諸君と一緒に学ぶことができて、私は幸せです。

第8講

日本の大国化・列強の猜疑

❖白人国家による支配・非白人国家の隷従——日露戦争の衝撃

日本は、日露戦争での勝利により、ついに列強の仲間入りをするという悲願を達成しました。ポーツマス条約の締結によって日本は、韓国の自由処分権、ロシアの満州からの撤兵、遼東半島租借権の確保、ハルビン・旅順間鉄道の譲与、サハリン南半分の割譲《かつじょう》などを得ました。イギリスは、日英同盟によって大陸の列強に圧力を加え、その蠕動《ぜんどう》を抑えて日本の勝利に貢献しました。

この日英同盟が、日露戦争の最中の明治三十八年（一九〇五）八月に改定の時期を迎えました。この改定により、日英同盟は本格的な攻守同盟（軍事同盟）となって、日本の安全保障は確たるものとなったのです。

日本による韓国併合は、今日の視点からすればいかにも「横暴」なものであったかのように思われるかもしれませんが、帝国主義時代の国際政治力学からいえば、日本にとって他に選択肢のないものでした。日本の韓国に対する自由処分権は、ポーツマス講和条約によって敗戦国ロシア、講和会議の仲介者アメリカ、日英同盟下のイギリスの、三つの大国の承認を得て手にしたものです。

韓国併合に関する日韓条約が締結されたのが、明治四十三年八月です。「坂の上の雲」をみつめて駆け上がってきた明治の時代も、いよいよ終わろうとしていました。国力と軍事力をもたない弱者に「安住の地」が与えられることのない厳しい帝国主義の時代を、日本はたくましくも生き抜き、非白人の近代主権国家として形成されたのです。極東の小国が列強に向かって開国し、政治体制の維新を図り、列強の脅威に対峙《たいじ》するための富国強兵・殖産興業に、渾身の力をもって臨みました。そして帝国明治を完成させたのです。

加えて、なによりも、日露戦争での日本の勝利は、列強に隷従し、屈辱と搾取に甘んじ、このような状態が永遠につづくと考えられてきた、非白人国家に衝撃を与えた世界史上の画期でした。

安倍晋三が、平成二十二年（二〇一〇）の秋に開かれた拓殖大学でのシンポジウム「桂太郎とその時代」に出席され、その時のスピーチで次のようなエピソードを紹介、聴衆を深く感動させたことがあります。安倍の祖父が岸信介です。岸は、東西冷戦下にあって、日米同盟強化に政治生命を賭《か》けた信念の政治家です。ご祖父がインドを訪問して、対英独立闘争の志士であり、当時、首相を務めていたジャワハルラル・ネルーと懇談した時のことを、よく安倍に語っていたそうです。

ネルーが、〝自分がまだ子供のころに日露戦争での日本勝利という、誰もが予想もしていなかったことが起こりました。非白人国の日本が白人国のロシアに挑んでこれに勝利したという事実に、私は躍りあがらんばかりに喜びました〟と述べ、つづけてネルーは、〝インドのイギリスからの独立に生涯を賭けようと自分に決意させたものは、日露戦争における日本の勝利でした。日本のように団結してことに当たれば、独立は必ず可能になる。そのことを日本の勝利は私に教えてくれたのです〟と述べたそうです。

ネルーが日本の日露戦争勝利にいかに感動したかは、当時、まだ十四歳だった娘のインディラ・ガンディに送った厖大《ぼうだい》な手紙のコレクション『父が子に語る世界歴史』（みすず書房）にも書かれています。ネルーは、対英独立闘争の危険人物として収監されていた刑務所の中で、大変な量の手紙を娘に書き送りつづけていたのです。

孫文は、日本の日露戦争勝利に歓喜して、明治三十八年に日本に渡ってきました。彼は、東京で中国同盟会を結成。これが辛亥《しんがい》革命という、清国を打倒し、中華民国を成立させる原動力となったのです。日露戦争での日本の勝利は、列強の支配から自立しようとするアジアの指導者の夢が、ただの夢ではなく、実現可能な夢であることを悟らせる画期的な事実だったのです。

ベトナム独立闘争の指導者のファン・ボイ・チャウ、ビルマ独立闘争の指導者ウー・オッタマはいずれも日露戦争の日本勝利に学ぼうと訪日、ウー・オッタマはビルマ（現・ミャンマー）の独立の父アウン・サンに強い思想的影響を与えました。ブディウトモと称される、インドネシア独立を求める最初の民族主義的政治組織を生んだのも、日露戦争の衝撃のゆえです。

❖日米対立という宿命

しかし、日露戦争における日本の勝利には、重大な半面があります。日本がロシアを打ち負かしたことは、新たに対峙しなければならない非白人列強が、アジアに生まれたことを、列強に認識させせました。日本に対する猜疑《さいぎ》と敵対の心理が、列強の中にいやがうえにも高まってしまったのです。日清戦争勝利、日露戦争での世界最大の陸軍大国ロシアに対する日本の連戦連勝は、非白人種に対する警戒感を列強に抱かせ、この警戒心は次第に恐怖心へと変わっていきます。ドイツ皇帝ヴィルヘルム二世の主張する「黄禍論《こうか》」が次第に広がっていったのです。

そうした動向を端的に示したのが、誰あろう、アメリカです。満州と太平洋の利権をめぐって日米が厳しく対立せざるをえなくなる遠因が、この時期、ポーツマス講和条約の成立時から、少しずつ堆積《たいせき》していったのです。

アメリカは、東部諸州に始まり中部を経て、西部へと向かって開発を進めておりました。これがアメリカの「西漸運動」(西部開拓)です。この運動も、カリフォルニアの開拓を終えたころには終わってしまいます。そうしてアメリカは、今度は、そのありあまる国力を太平洋に向けて放射しようとしたのです。明治三十一年(一八九八)には、アメリカの海上交通路として死活的な重要性をもつスペイン領キューバで、独立戦争が起こりました。これにアメリカが介入して、スペインとの戦争になります。

この戦争にアメリカが勝利、キューバを保護国とし、さらにスペイン領プエルトリコの割譲を受けました。アメリカは、コロンビア領のパナマ運河の恒久租借権を得て、太平洋へ進出、ハワイ、グアムを併合。さらには、大兵力をスペイン領フィリピンに投入して、これを領有したのです。他国の領土を力ずくで奪い取る帝国主義時代の典型的な振る舞いです。

第五代大統領のジェームズ・モンローは、アメリカの外交政策上の大方針の一つに、建国以来の「孤立主義」をもって臨んでいました。欧州諸国の国内問題への干渉はこれを回避し、欧州諸国への戦争には一切関与しないという、いわゆるモンロー主義です。

しかし、西部のフロンティアが消滅し、なお「西漸運動」をつづける意欲をみなぎらせる以上、太平洋という広大な海へと進出するより他に方途はありません。アメリカはここで、モンロー主義を放棄します。太平洋進出を可能にしたものが、大規模な建艦計画でした。

岡崎久彦『幣原喜重郎とその時代』（PHP文庫）によりますと、セオドア・ルーズベルトの「一九〇一年の大統領就任後、一九〇五年までのあいだに一〇隻の戦艦建造の議会承認を得た。一九〇三年の計画では、第一線用戦艦四八隻を予定していた。艦齢を二五年として毎年二隻ずつ建造すれば、一九二六年には戦艦四一八隻と、その補助艦艇を含む大海軍ができるはずだった。……三国干渉の臥薪嘗胆《がしんしょうたん》で、国民に重税を課し清国からの賠償金をほとんど費やして、日露戦争に備えてやっと戦艦六隻をつくった日本とは、財政規模のケタが違っていた」というのです。

ルーズベルトは、ポーツマスでの講和を仲介し、新渡戸稲造《にとべいなぞう》の『武士道』に深い感銘を受けた親日的な大統領でした。そのルーズベルトでさえも、日露戦争での日本の勝利と日本の国権拡張が、やがてみずからに向かう矢となる危険な可能性に思いをめぐらせていたのです。

そのころ、アメリカでは、日本移民排斥が国民運動のごとき様相を呈するようになりました。ルーズベルトの胸に宿ったのと同様の不安と恐怖心が、アメリカ人の中にも巣食い始めたのでしょう。明治三十九年（一九〇六）十月には、サンフランシスコ市政府が在住日本人に対して、他のアジア住民ともども、公立小学校への通学を禁止しました。

サンフランシスコ領事は、外務省にこの事実を報告、この報告を受けて日本政府は強い抗議をアメリカ政府に発しました。しかし、この抗議が逆にアメリカ人の排日気分を強化してしまいます。反日感情は全米に広がっていきました。勤勉な日本人移民はアメリカ住民の雇用機会を奪うものとして喧伝《けんでん》され、労働組合組織を通じて排日運動は大きなうねりとなってしまったのです。

アメリカの排日運動は、なお根強くつづきました。大正二年（一九一三）には、日本人の土地所有を禁じる排日土地法、大正九年には、アメリカで出生して市民権をもつ日本人の土地所有をも禁じる第二次排日土地法、大正十二年には、事実上、すべての日本人の移民を禁止する新移民法が成立。日米が本格的な軍事対立にまでいたるかもしれないという不吉な予感が、このころから日本人の心をよぎるようになったのです。

❖「濡れ手で粟」を狙うアメリカ

もう一つ、当時の日米の軋轢《あつれき》を象徴したできごとがあります。満州利権をめぐる日米争奪戦です。小村寿太郎がポーツマス会議出席のために渡米している間に日本にやってきた、アメリカ人企業家エドワード・ハリマンによる南満州鉄道の買収計画でした。ハリマンは、太平洋、日本、シベリア、ヨーロッパ、大西洋を連結して、世界を一巡する一大交通網の建設をめざしていた、アメリカの野心的な鉄道王として名高い企業家です。

日本は、日露戦争に勝利したとはいえ、戦費の返済に大きな負担を抱えていました。特に、南満州鉄道の復旧には、多大の資金が必要でした。この状況を見据えて、ハリマンは、南満州鉄道を日米共同で経営しようという提案をもって日本にやってきたのです。実は、ハリマンは、日露戦争時の戦時公債の募債に尽力してくれた人物でした。日本の首脳部も彼を厚遇し、参内拝謁《さんだいはいえつ》の機会をも与えました。

ハリマンは、世界交通の要衝である南満州鉄道の復旧は急を要していること、アメリカ資本の導入は日本の利益に適《かな》うこと、さらには報復の意志を捨てないロシアを牽制するためにも、アメリカが南満州鉄道に関する発言権をもつ状態にしておくべきこと、などを主張したのです。満州経営が日本にとって過重の負担となることを恐れていたのが、井上馨でした。彼は桂太郎を説いて、ハリマンとの折衝に臨ませました。明治三十八年に、「満州鉄道に関する予備協定覚書」が作成されたのです。

しかし、ポーツマス講和会議を終えての帰路、船上でこの覚書のことを伝え聞いた小村寿太郎は、憤然、これを拒否すべきことを主張します。小村の怒りに桂も抗することができず、結局、桂・ハリマン覚書は潰《つい》えてしまいました。外務省編の『小村外交史』によりますと、小村は桂に対し、「ハリマン案の如《ごと》きはポーツマス条約の真髄を殺すのみならず、また実に当時の講和条件に関する廟議《びょうぎ》の精神を無視するものである」と迫りました。廟議とは、朝廷での評議のことです。

しかし、アメリカの太平洋を越えた大陸への介入の夢が、これで消えたわけではありません。いかに鉄道王といえ、ハリマンは一民間人です。ルーズベルトの後を襲ったのはウィリアム・タフト大統領ですが、その国務長官となったのがフィンランダー・ノックスです。彼は満州鉄道中立化案を提議して日本に迫りました。結局のところは、これに日本が応じることはなかったのですが、アメリカも日露戦争での日本の最大の「戦利品」に手をつけようと、躍起《やっき》だったのです。「濡れ手で粟《あわ》」を狙ったのがアメリカです。

❖第一次大戦参戦――日本のプレゼンスの強大化

大正三年（一九一四）七月、第一次大戦が勃発しました。全ヨーロッパを巻き込んだ、過去、最大の総力戦です。当然ながら、イギリスは日英同盟にもとづき、戦禍がイギリスの租借する香港や威海衛に及ぶ場合には、この地域への日本の軍事出動を期待する、という趣旨の要求を日本に出しました。

日本政府は、同年八月、日本ならびに清国の海域からのドイツ艦隊の即時撤退、山東省の膠州湾の日本への明け渡し、この二つを一週間以内に返答すべきことを、最後通牒《つうちょう》しました。ドイツは無回答。これをもって日本は八月二十三日に宣戦を布告。同時に日本軍は青島を攻略、つづいて膠州湾、膠州・済南間鉄道を占領、さらにドイツ領南洋諸島を占領しました。

第一次大戦は、日本が列強として頭角を現す絶好の機会でした。井上馨は、大正三年八月の提言において、「今回欧州ノ大禍乱《からん》ハ、日本国運ノ発展ニ対スル大正新時代ノ天佑《てんゆう》ニシテ、日本国ハ直《ただち》ニ挙国一致ノ団結ヲ以《もっ》テ、此《こ》ノ天佑ヲ享受セザルベカラズ」と述べたほどでした。天佑とは、文字通り、天の助けのことです。加えて、井上は同提言において、次のようにも述べています。

「大正新時代ノ発展ハ、此《こ》ノ世界的大禍乱ノ時局ニ決シ、欧米強国ト駢行《へいこう》提携シ、世界的問題ヨリ日本ヲ度外視スルコト能《あた》ハザラシムルノ基礎ヲ確立シ、以《もっ》テ近年動《やや》モスレバ日本ヲ孤立セシメントスル欧米ノ趨勢《すうせい》ヲ、根底ヨリ一掃セシメザルベカラズ」

ここでいう「動モスレバ日本ヲ孤立セシメントスル欧米ノ趨勢」とは、アメリカの排日運動などを念頭においてのことです。この趨勢を「一掃」する「天佑」の機会として、井上は第一次大戦を捉えたのです。

日本は、山東省や南太平洋への出動には、迅速でした。しかし、大戦の主要舞台である欧州への参戦には抑制的でした。しかし、結局のところ、大正六年二月には「明石」を旗艦とする巡洋艦二隻、駆逐艦一六隻よりなる艦隊の地中海派遣を決定しました。戦争後のみずからの国際的ポジションを確保しておくための行動です。基地をマルタ島におき、対独戦において不可欠な連合国軍輸送船団の保護の任に当たりました。緊迫の地中海情勢を連合国軍に有利に展開させるのに、日本軍は大きく寄与したのです。

パリ講和条約が成立して第一次大戦が最終的に終焉《しゅうえん》したのは、大正七年十一月。日本は英米仏伊とならび、世界の五大国の一つとして講和会議に出席することになりました。日本は、参戦によって、列強としての資格を各国から認められたのです。日本はこの戦争に際しては、連合国に対する大量の武器、弾薬の輸出基地となりました。この輸出により日本は国際債務のすべてを返済し、債務国から債権国へと転じることにもなりました。経済的力量からいっても、日本は確かに五大国にふさわしい条件を整えるにいたったのです。

❖パリ講和会議――人種差別撤廃提案を葬り去る列強

第一次大戦は、ドイツの降伏によって、大正七年十一月に終わりました。この大戦の講和会議は、大正八年一月に、パリのベルサイユ宮殿で開かれました。長い議論の末に、六月にベルサイユ条約として締結されました。

条約の骨子は、ドイツが大戦を通じて占領したすべての地域の返還、ドイツの大幅な軍備縮小、さらにドイツへの多額の賠償金支払い要求でした。多額の賠償金に対するドイツ国民の不満が、後にアドルフ・ヒトラーの出現を促し、第二次大戦の遠因となっていきます。

パリ講和会議に先立って、アメリカ大統領ウッドロウ・ウィルソンは、アメリカ議会で、民族自決、植民地問題の公正な解決、国際平和機構の設立など、平和主義的な「ウィルソンの一四カ条」を掲げ、これをもって講和会議に臨みました。この平和主義を実現する場として、国際連盟が多数国の賛成を得て、大正九年に発足しました。

しかし、アメリカの上院による批准《ひじゅん》反対にあって、アメリカ自身がこれに参加できなくなってしまいました。加えて、敗戦国ドイツの加盟が許されず、革命後の動乱のために大国ロシアが除外されてしまったのです。第一次大戦後の国際協調の場としての国際連盟は、成立はしたものの、その機能を発揮することはほとんどできませんでした。

アメリカが国際連盟加盟の批准を拒否した理由は、要するに、日本の興隆に対するアメリカの反感と嫉妬《しっと》にあったと思われます。この反感と嫉妬が排日移民法の成立につながっていったのです。

パリ講和会議において、日本は五大国の一員として招かれ、国際連盟にも五つの常任理事国の一国として参加しました。日本は、山東省においてドイツが保有していた権益のすべてを譲り受け、赤道以南のドイツ領南洋諸島を委任統治領として、実質的に領有することにもなりました。第一次大戦によって、日本の領土は、領海を含めて厖大《ぼうだい》なものとなったのです。

パリ講和会議に出席した日本は、ウィルソンの一四カ条の中に盛られていた人種平等の理念にも背を押されながら、国際連盟の規約の中に人種差別撤廃条項を入れることを強く決意して、会議に出席しました。少し難しいかもしれませんが、その文章を読んでみましょう。ここが日本の主張のポイントです。

「被抑圧的国民ノ不平ト密接関係ヲ有シテ人種ノ大ナル部分ニ取リ深キ憤恚《ふんい》ノ種《たね》トシテ尚《なお》依然トシテ存在スルモノニ人種的差別ノ非違《ひい》アリ。軽侮《けいぶ》セラルトノ観念ハ永ク或《あるい》ハ国民ノ不平ヲ醸生《じょうせい》シタリ。今以《もっ》テ各人民及ビ各国民ニ対スル正義ノ原則ヲ以テ将来国際的関係ノ基礎ヲ宣言セルハ、偶々之等《たまたまこれら》人種ノ正当ナル此《こ》ノ熱望ヲ高ムルニ至リ。今ヤ之等人種ハ此ノ非違ノ撤廃ヲ要求スルヲ以テ其《そ》ノ正当ナル権利ナリト認ムルナリ。……余ハ今次世界ノ新組織ニ於ケル将来国際的関係ノ基礎トシテ『各国民ノ平等及ビ其ノ所属各人ニ対スル公正ナル待遇』ノ一原則ヲ確立セムコトハ正ニ純理ニ適合スルモノト思惟《しい》ス」

日露戦争での勝利以来、非白人社会の日本への評価は大変に高いものとなっていました。みずからの正義を高らかに宣言したこの日本の提案は、参加代表国三二、代表一〇〇〇名という空前の人々の共感を呼び、彼らの絶大な賛同を得たのです。表決権をもつ二八カ国の代表の多数決では、一七対一一で賛成多数となりました。

しかし、なんと議長を務めたウィルソンが、このような重要案件については全会一致でなければならないと発言したのです。議長国アメリカのこの発言に、全権代表の牧野伸顕《のぶあき》は強硬な抗議演説をしたのですが、受け入れられませんでした。牧野は食い下がり、日本の人種差別撤廃提案が多数決の原則からいえば承認されたものだ、と議事録にはっきりと記すことを約束させて、引き下がりました。残念というより他ありません。

ウィルソンの反対の理由は、もう一度いえば、アメリカにおける排日運動のゆえです。また、同様の問題を抱えるオーストラリア、カナダなどが反対側にまわって、陽《ひ》の目をみることがなかったのです。中国山東省や南太平洋諸島を獲得して、パリ講和条約の五大国、国際連盟の常任理事国五カ国のうちの一つとなった、日本に対する列強の反感と妬《ねた》みには強いものがありました。日本の将来が米欧にとって危険な存在となるという予感が、この帰結をもたらしたのです。日本人はもとより、非白人国の落胆には、きわめて大きなものがあったことは申すまでもありません。

第9講

「四分五裂」中国への日本の関与

❖外交的愚策・対支二一カ条要求

第一次大戦の戦闘の舞台は、欧州でした。その結果、アジアに進出していた列強は、アジアから欧州への軍事力移転を余儀なくされ、アジアにおける日本のプレゼンスは急拡大しました。日本のこの大国化が、実は、次の時代の日本の「蹉跌《さてつ》」の原因となっていくのです。列強の関心がアジアから欧州に転じて生じた「空白」を埋めたのが、日本でした。

その象徴が、中国政府に日本政府が提出した対支二一カ条要求でした。この要求は袁世凱《えんせいがい》政府に提出されました。要求は五つ（五号）二一カ条です。第一号が、山東省のドイツ権益の日本への移譲、第二号が、南満州および東部内モンゴルにおける日本の優越的地位の確保、などでした。問題は第五号にあり、これが日中対立の深刻な要因となっていったのです。

この五号は、六つの項目からなり、以下の通りです。第一項は、中央政府に政治財政および軍事顧問として日本人を傭聘《ようへい》すること。第二項は、日本の病院、寺院、学校に土地所有権を認めること。第三項は、警察を日中合同とし、中国警察官庁に多数の日本人を傭聘すること。第四項は、中国は日本から一定数量の兵器供給を仰ぎ、さらに中国内に日中合弁の兵器廠《しょう》を設立すること。第五項は、南満州での鉄道敷設権を日本に許与すること。第六項は、福建省における鉄道、鉱山、港湾設備に関し、外資を要する場合には、日本と事前に協議すること。

この六項目からなる第五号について、日本は、実は、これを秘密裏に交渉しようとしたのです。秘密交渉としたのは、これらの要求が中国の主権を著しく侵害するものであり、中国ならびに列強からの反発を恐れたからです。

中国大陸における日本の、列強からも承認されている特殊権益とは、山東省のドイツ権益ならびに南満州です。南満州については、第二号の第一条において「両締約国ハ、旅順、大連租借期限、並ビニ南満州及ビ安奉両鉄道各期限ヲ、何《いず》レモ更ニ九十九年ヅツ延長スベキコトヲ約ス」とされていました。大正十二年（一九二三）の期限切れの不安を抱えていた日本に、この第一条は大いなる安堵感を与えました。これら主要な権益を得たのであれば、後は穏やかな交渉によって、逐次これを求めていけばいい。

ですから、再び、問題は第五号です。このような実質的に中国を保護国化するような重要な条文を、しかも「希望条項」などという、随分と腰の引けた表現でもち出すというのは、愚策です。この五号は秘密裏の交渉事項とされたのですが、情報は漏洩《ろうえい》してしまい、結局は、これが中国ナショナリズムの激昂へとつながっていったのです。

第五号について、岡崎久彦は次のようにいっています。

「問題は中国を半植民地化するという天下の非難を浴びるに決まっている重大な条項を、要求を貫徹させる気が初めからないような希望条項という中途半端なかたちで要求して、国際的に孤立し、中国民心の憤激を買い、のちのちまで国恥記念日として記憶される愚行を犯したということである」

この指摘に出てくる国恥記念日とは、対支二一カ条条約を袁世凱政府が認めた、大正四年（一九一五）五月四日を忘るべからずとして、後に立法化された記念日のことです。実は、日本は、大正十一年（一九二二）の、後述するワシントン会議において、第五号の撤回を表明しました。間もなく撤回するような要求を、なぜ中国側に迫ったのか、返すがえすも残念です。

❖五・四運動と日本の対中世論

パリ講和会議には二八カ国が参加しました。日本は、英米仏伊とならぶ五大国の一員としての資格をもって臨んだのです。この会議に出席するに当たっての日本側の対応は、当然ながら、山東省のドイツ権益ならびにドイツ領南洋諸島の権益継承の二つでした。

これに加えて重要なのは、人種平等の理念をパリ講和条約の条約に盛るべし、とする要求でした。中国側の主張は、山東省のドイツ権益の中国還付ならびに対支二一カ条要求の撤回です。日本が山東省のドイツ権益を継承することは、ベルサイユ条約ですでに条文化されていました。中国側の主張は却下されざるをえず、二一カ条要求については議題の対象外とされました。山東省権益の中国還付がなされず、これが日本に移譲されたことに、中国は大いなる不満を表明、条約調印を拒否しました。中国の不満は、後の五・四運動となって噴出します。

ドイツ領南洋諸島の日本への権益移譲については、まったく異論はありませんでした。マリアナ諸島、マーシャル群島、カロリン諸島のいずれもが日本の委任統治領として託されました。日本の主張のうち通らなかったのが、人種差別撤廃提案であったことは先にも述べました。白人国家が非白人国家を隷従させてきた帝国主義の時代にあって、初めて提起されたこのテーマは、歴史的意味をもつはずのものでした。

五・四運動は、大正八年（一九一九）五月四日の早朝に、北京大学など一三の大学の学生約三〇〇〇人が天安門広場に集結し、パリ講和条約の署名拒否、国賊処罰、青島還付などをスローガンとして立ち上がったものです。その後、上海などに飛び火して、一大騒擾《そうじょう》となった中国ナショナリズムの噴出でした。騒擾の原因となったのは、パリ講和会議において、中国側の主張のことごとくが、葬り去られたことにあります。

しかし、五・四運動は侮日的傾向を強くもち、それゆえ、この運動に対する日本人の反発には、きわめて強いものがありました。

❖追い込まれる日本――ワシントン体制の成立

連合国軍は、対独戦に勝利を収めました。しかし、敗戦国ドイツはもとより、戦勝国のイギリスなども戦渦により廃墟と化し、社会の疲弊には著しいものがありました。対照的に、第一次大戦参戦とパリ講和会議を経て、日本はますます隆盛していったのです。日本が戦場となることはありませんでした。

もう一つ、この戦争を通じ世界の圧倒的な覇権国家として登場した国がアメリカです。アメリカは、欧州戦線に大兵力を送りました。しかも、アメリカも日本と同様に、第一次大戦の戦場とはならず、国土と設備の破壊はまったくありませんでした。欧州諸国への武器、弾薬、その他の戦略物資の大量供給を担ったのが、アメリカです。アメリカの生産力が急拡大したのです。

しかし、このアメリカも、パリ講和条約においては、みずからフロンティアと見定める中国での利権が日本に手渡されるのを、阻止できませんでした。そこで、アメリカは、パリ講和会議にかわる新しい国際的調整の場をつくり、ここで日本の隆盛を阻止しようとしたのです。これが、パリ講和会議から二年を経て開かれたワシントン会議です。この会議によって定まった列強間の利害調整の結実が、「ワシントン体制」です。

会議は、大正十年（一九二一）十一月から翌年の二月までつづきました。主題は、海軍軍縮ならびに極東・アジア太平洋問題です。日本の軍事力の削減を図り、日本の国際的活動の基盤となっている日英同盟を廃棄に追い込み、さらには、日本の満州における特殊権益をなきものにしようというのが、アメリカの意図でした。アメリカは、烈々たる意志をもってワシントン会議を主導したのです。

ワシントン会議においては、以下の三つの条約が成立しました。一つは海軍軍縮条約、二つは四国条約、三つは九国条約でした。まずは、海軍軍縮条約です。この条約によって、アメリカは日本の建艦計画の阻止を図ったのです。これは、大正十一年（一九二二）二月六日に調印された「海軍軍備制限に関する条約」（ワシントン海軍軍縮条約）として成立しました。六条よりなるこの条約の中心は第四条です。ここでは「各締約国ノ主力艦合計噸《トン》数ハ基準排水量ニ於テ」アメリカ、イギリス五二万五〇〇〇トン、日本三一万五〇〇〇トン、フランス、イタリア一七万五〇〇〇トンを「超ユルコトヲ得ズ」とされました。アメリカの意図は、太平洋における日本の海軍力増強の阻止にあったのです。

❖日英同盟という重要な資産がなぜ失われたのか

四国条約とは、正式には「太平洋における島嶼《とうしょ》たる属地・領地に関する四国条約」です。ワシントン体制において、アメリカが最も重視したものでした。この四国条約の成立により日英同盟を廃棄にもち込むことがアメリカの意図でした。四国条約は、大正十年十二月十三日に成立しました。

明治三十五年（一九〇二）一月に成立した第一次日英同盟は、ロシアの南下政策によってイギリスが清国に擁する利権、日本が清国と韓国においてもつ特殊権益を、相互に守ることを約した条約でした。日露戦争においてイギリスは厳正中立を守り、フランスやドイツの介入を阻止し、さらには日本の艦船輸入や戦時公債の募債に大いなる貢献をしてくれました。実際、日英同盟なくしては、日露戦争における日本の勝利は危うかったといっていいでしょう。

日英同盟は、明治三十八年八月に改定され、第二次日英同盟となりました。日本の韓国における優越的権利をイギリスが承認することを条件に、条約の適用範囲を英領インドにまで拡大するものでした。ロシアによるインド侵略があった場合には、日英共同してこれに対処することになり、日英同盟は一段と強固な同盟へと転じたのです。

明治四十四年七月、第三次の日英同盟の改定の時期を迎えていました。この時点での日米関係は、排日移民問題やノックス長官による満州鉄道中立化提案の不調などにより、緊張の度を高めていました。このような時期での同盟改定にアメリカは猜疑《さいぎ》心を抱き、これを阻止しようと画策したのです。

ワシントン会議において海軍軍縮条約は成立しましたが、イギリスの海軍力はアメリカと同等でした。日本は米英より少ないとはいえ、日英を合計すれば、その実力はアメリカを大きく上回っていたのですから、アメリカがなんとしてでも日英同盟を廃棄に追い込もうとした理由は判然とします。

加えて、アメリカは、日本による対支二十一カ条要求が、日英同盟を笠《かさ》に着た日本の横暴だと受け取っていたのです。帝政ロシアが革命によって倒れ、日英同盟の本来の標的であるロシアの南下政策が力を失っているにもかかわらず、なお日英同盟が存在するのは、アメリカに対する日英の敵意の証《あかし》ではないか、というのがアメリカの主張でした。

第一次大戦でドイツの脅威は消滅しました。また、第一次大戦に参戦して勝利、国力と軍事力を蓄えたのが日本とアメリカです。アメリカは、日本に対する敵愾《てきがい》心の高まりを抑えることは難しかったのでしょう。アメリカの日本に対する敵愾心を、いやがうえにも高めたのが中国問題でした。

平間洋一の著作に『日英同盟 同盟の選択と国家の盛衰』（ＰＨＰ新書）があります。その中で平間は、「大戦後のアメリカの対日政策は、国際世論の非難を日本に向け、日本を孤立させて日本に政策転換を促すことを狙い、伝統的な門戸開放政策を旗印に、戦時中に日本が確立した中国大陸の既成事実を覆《くつがえ》すことであった」といっていますが、これが真実の指摘です。

日英両国政府は、日露戦争、第一次大戦にその有効性をいかんなく発揮したこの同盟を廃棄しようとは、当初は考えていませんでした。それゆえ、アメリカの日英同盟に対する誤解を解くために、日米間で戦争が勃発してもイギリスは、日本を支援する義務はないことを条約で成文化しようと努め、日本もこれに同意していました。

しかし、アメリカはそれではおさまりません。日本の孤立化を求めて懸命に働きかけ、ついには大正十年十二月に、日英米仏による四国条約を日英に飲ませることに成功、この条約の成立と同時に、日英同盟は廃棄されてしまったのです。

新しく生まれた四国同盟が機能することはついぞ、ありませんでした。同盟とは、本来が二国間同盟です。二国間同盟はウィスキーのように「濃い」ものですが、三国、四国となれば、水のように「淡い」ものとなってしまうものだ、といったのは中村粲《あきら》(『大東亜戦争への道』展転社)です。

日露戦争後の日本の安全を保障してきた最も大切な「資産」、日英同盟が消滅のやむなきにいたったのです。その後は、太平洋問題において紛争が発生した場合には、第一条にいうごとく、「締約国ハ共同会議ノ為、他ノ締約国ヲ招請シ、当該事件全部ヲ考量調整ノ目的ヲ以《もっ》テ其《そ》ノ議ニ付スベシ」となり、日英同盟の強固な結びつきは解体を余儀なくされたのです。これにより、日本は欧米列強の国際システムから排除され、独力でアジア太平洋問題に対処せざるをえなくなりました。日本の不幸の始まりです。

イギリスは、第一次大戦を通じてアメリカから、物心両面の大量の支援を受け、対独戦に勝利できたのです。アメリカの強硬な同盟廃棄要求に、イギリスはなすすべがなかったのです。

日本は脆《もろ》くも崩れ去る旧友邦のありさまを眺めて、みずからの生存は、結局のところ、みずから守るより他なし、と考えざるをえませんでした。欧米列強から猜疑の眼を向けられながら、独力で軍事力を整備し、大陸の中心部に進み、その深い泥沼に足をとられて、ついには自滅への道を突き進んだのです。

また、後に、ドイツ、イタリアが軍事力を増強して英米に対する攻勢に転じるや、日本が日独伊三国同盟に加わることを決意したのも、その遠因は日英同盟廃棄にあったのだと主張しても過言ではありません。日英同盟の廃棄は、それほど日本にとっては慚愧《ざんき》に耐えない事実だったのです。中村は、この事実を次のように嘆じています。

「我国はその後、極東情勢の混乱に単独で対処する他なかつた。最も同盟の必要な時期にそれがなかつたのだ。日本は自ら望まずして、孤立へ追ひやられたのである。以後大東亜戦争に至る迄我国が歩んだ孤立と苦難の二十年を思ふ時、日英同盟消滅せざりしかば、の感を深くせざるを得ない」

❖日本の行動の自由を奪った九国条約

ワシントン会議の「三点セット」のうち、残るのは「中国に関する九国条約」です。これは会議の最終日、参加した九カ国のすべて、すなわちアメリカ、イギリス、日本、フランス、イタリア、オランダ、ポルトガル、ベルギー、中華民国によって、大正十一年六月に締約された条約です。九国条約は、日本の大陸政策の根幹を揺るがすものでした。その後、日本の対外行動のことごとくを制約したものが、この条約です。

後に発生する日本の大陸での行動のすべて、満州事変にせよ、上海事変にせよ、支那事変にせよ、これらすべてについて、列強が日本を糾弾《きゅうだん》するための根拠となったものが九国条約です。この条約は、極東軍事裁判（東京裁判）での日本断罪の重要な論拠とも化していきます。

九国条約の中で、日本を脅かしたものは、第三条です。第三条は、締約国は中国における門戸開放・機会均等を厳守すべし、というものでした。そのために、日本は中国の特定地域において優越的権利を設定してはならないこと、さらに商工業において独占的または優先的権利を設定してはならないこと、となったのです。

日本の中国における特殊権益の完全なる否定でした。アメリカの門戸開放・機会均等主義が、初めて国際法上の根拠をもつにいたったのも、この九国条約によってです。日本の中国における特殊的地位を、アメリカが公的に承認したものが石井・ランシング協定でしたが、この協定も九国条約の成立と同時に廃棄されてしまいました。

日本は、九国条約を支那事変時の昭和十三年（一九三八）十一月に、否認放棄することになります。そこにいたる十数年の間、日本の大陸政策を縛りつづけたものが九国条約でした。ワシントン体制こそ、日本を孤立に追い込み、大陸進出を加速せしめた国際的な要因であったといわねばなりません。

パリ講和条約が締結され、ワシントン会議を経て、しばらく列強の国際政治関係は穏やかに推移し、国際協調路線が主流となりました。国内的にも、大正期に入って藩閥政治が厳しい批判の対象となり、民意を反映した政党政治を求める護憲運動が活発化しました。大正デモクラシーの時代です。立憲政友会の原敬《たかし》が初の「平民宰相」として登場しました。陸軍大臣、海軍大臣、外務大臣以外のすべてを政友会党員が占める、日本で最初の本格的な政党内閣の誕生です。

対照的に、中国の国内情勢は混沌をきわめました。

❖中国四分五裂

ワシントン会議は、中国の主権、独立、行政の保全の必要性を訴えました。九国条約とは、そのための列強間の合意です。しかし、現実の中国には、主権も独立も行政も、ほとんどなきに等しかったのです。国際条約により中国の主権がうたわれたのですが、それらを保障するものを、中国はなに一つもっていませんでした。

ワシントン会議が開かれた大正十一年前後の中国は、統一国家としては存在していなかったのです。無政府状態といってもいい状態でした。だからこそ、革命後のロシアは、共産主義をここに「扶植《ふしょく》」しようとしたのです。ロシア共産主義の中国への扶植がまた、中国を御《ぎょ》し難い存在へと変じさせる、もう一つの要因となったのです。

孫文の辛亥《しんがい》革命により、清国は崩壊、中華民国が樹立されました。明治四十五年（一九一二）一月一日のことです。孫文は明治三十八年八月に、東京で、自身を総理とする中国革命同盟会を結成、この同盟会が中心となって中国各地で武装蜂起を企《くわだ》てました。清朝も、なにもしなかったわけではありません。立憲君主制に転換して王朝の存続を企図し、統治能力の強化のために新軍を設置しました。しかし、この新軍の中にも革命思想が蔓延《まんえん》し、四川省の武昌で革命派が蜂起、「武昌起義」を起こしました。起義とはクーデターのことです。

武昌起義は、「滅満興漢」をスローガンとする全土の革命行動に火を点《つ》けました。清国からの独立を宣言する地域が相次ぎ、その数、一〇省に及びました。特に、南部において革命軍の力は強力でした。南部諸州の革命軍が結束して、孫文を臨時大統領とする中華民国臨時政府を南京に成立させました。求心力を失った清国政府は、袁世凱《えんせいがい》に革命軍鎮圧を依頼、南北が鋭く対立する事態となったのです。

軍事力において優位、かつ野心たくましい袁世凱は、孫文と融和してみせました。袁世凱は、共和制に賛意を示し、清国に圧力をかけて清朝最後の皇帝、宣統帝溥儀《せんとうていふぎ》を退位させ、みずからが大総統として君臨したのです。ここに、清朝は最終的に崩壊し、袁世凱は政府を南京から北京に移しました。革命派は宋教仁《そうきょうじん》を擁して国民党の強化を図ろうとしましたが、しかし、宋教仁は袁世凱の配下により暗殺され、袁世凱と国民党の分裂は決定的となりました。袁世凱は、大正五年（一九一六）に死去。孫文は革命派を広東に糾合《きゅうごう》、みずからを大元帥とする国民党政府を広州で成立させます。

清国期の末期から中華民国期の中国を跋扈《ばっこ》したのは、地方軍閥です。これが中国を「四分五裂」にした主勢力でした。袁世凱自身が「北洋六鎮」を束ねる北洋軍閥の巨魁《きょかい》でした。袁世凱の死後、北洋軍閥は私兵を基盤とする多数の派閥へと分化、私闘と内紛を繰り返し、統一中国ははるかなる夢でした。孫文に率いられた国民党軍も、彼らを打破するに十分な力はありませんでした。

国民党政府は、権力基盤と軍事力において脆弱《ぜいじゃく》であり、地方軍閥を抑える力がありません。複数の軍閥が相互に政争と内乱を繰り返していました。この中国こそ、新たに成立したソヴィエト政権にとって、みずからの共産主義の影響圏を拡大する格好の舞台となったのです。この時期、山東省のドイツ権益を日本が継承したことに端を発して、反日愛国運動が展開されました。

レーニンによるボルシェビキ革命政権の指導下、ソヴィエトで成立した世界革命組織がコミンテルンです。コミンテルンが照準を定めたのが、混沌をきわめる中国です。

コミンテルンが中国を指導する前段階として用いたのが、カラハン宣言でした。ソヴィエト政権の外務人民委員代理のレフ・カラハンは、大正八年（一九一九）七月、ロシアがロマノフ王朝時代に清国と締結したあらゆる不平等条約を破棄、租界もこれをすべて中国に還付することを約束、中国との国交樹立を宣言したのです。

国民党政府はカラハン宣言に歓喜しました。この宣言が、中国のナショナリズムを一段と強く促す要因となりました。中国共産党が成立、上海で第一回の全国代表大会が開かれました。大正十年七月のことです。この大会には、コミンテルン代表も参加しました。孫文は、共産主義のイデオロギーを中国のナショナリズムを擁護するものだと考え、「容共」的姿勢へと傾いていきました。ソヴィエト政権の攻勢は著しく、大正十年七月にモンゴル人民政府を成立させ、次いで満州の「赤化」に努めます。日本は満州に接するシベリアの共産化を恐れ、ロマノフ王朝によって「力の空白」が発生したシベリアに兵を進めたのです。シベリア出兵です。

❖山東出兵を経て大陸関与へ

大正十三年には、第一次国共合作が成立。孫文は国民党の組織強化のためにソヴィエトと提携、中国共産党の国民党加入を認めて、合作が成りました。第一次国共合作です。しかし、孫文は大正十四年三月十二日北京で死去。孫文の死去により、国民党は求心力を失い、一挙に左右対立が激化。新たに登場した指導者が、蔣介石でした。蔣介石は共産主義者の意図を見抜き、大正十五年三月には、共産党員と国民党左派を粛清《しゆくせい》して国共合作を終焉させました。そのうえで、大正十五年七月に、一〇万の兵を率いて第一次北伐の挙に出たのです。

蔣介石は、昭和三年（一九二八）六月、第二次北伐により北京に入城しました。対する張作霖《ちようさくりん》軍は満州、河北省、山東省を制して兵力は五〇万を上回り、モンゴルにまでその勢力は及んでいました。共産党軍は誕生して間もなく、蔣介石の北伐の過程で制圧された各地で、農民運動や労働運動に火を点けてまわり、共産主義の「扶植」に熱を入れておりました。この時点において中国には、統一的な権力はなきに等しかったのです。

国際協調と中国不介入政策を貫いた幣原喜重郎《しではらきじゆうろう》内閣が倒れ、つづいて、加藤高明内閣、若槻《わかつき》礼次郎内閣という短命の二つの内閣を経て、政友会の田中義一《ぎいち》内閣が成立しました。昭和二年（一九二七）四月二十日のことでした。この田中内閣において、山東出兵がなされ、日本軍の大陸進出が本格化していったのです。

張作霖は、清末以来、満州において力を蓄え、中華民国成立後に官職と軍権を掌中にし、満州全域を支配下におく奉天派軍閥の総帥《そうすい》となりました。北京の新しい支配者となった国民党政府軍と対峙《たいじ》したのです。蔣介石の北伐はついに張作霖との対決にいたりました。しかし、張作霖軍の力量は蔣介石の予想を上回っていました。蔣介石は敗退し、北伐は中止。張作霖、蔣介石の確執の中で、山東省の居留民保護が日本にとっての火急の課題となったのです。旅順駐屯の歩兵三三旅団の四個大隊を青島に派遣したのですが、これが第一次山東出兵です。

第二次大戦での敗北にいたる、昭和前期日本の大陸関与は、こうして始まりました。この激動の大正期の中にあって、拓殖本学はいかに運営され、卒業生はどのように活躍の場を広げていったのでしょうか。

第10講

大正時代の拓殖大学——「植民学」の時代

❖海外雄飛

帝国主義の時代とは、国力と軍事力をもたない弱者に「安住の地」が与えられることのない無慈悲な時代でした。極東に生まれた小国日本は、この時代を強靭に生き抜いたのです。日本は、明治の時代に大日本帝国憲法を制定、帝国議会を召集して近代立憲国家システムを完成させました。開国に際して列強との間で締結を余儀なくされた、不平等条約を撤回させることにも成功しました。なにより、日清・日露の両戦争に勝利し、新たに列強の一員として世界史に登場したのです。

そして、大正期に入ります。日本の国勢は、この時代にあっても伸長著しいものがありました。特に、第一次大戦への参戦と勝利は、日本の国際的地位を不動のものとします。大戦勝利によって、日本は敗戦国ドイツの中国権益を継承しました。参戦はしたものの、戦場となることはなく、むしろ大量の戦略物資の欧州への供給により、生産力を昂揚させたのが日本でした。

この日本に強い警戒心を抱いたのが、もう一つの新しい覇権国家として生まれたアメリカです。日米覇権争奪をめぐる戦いは、すでに大正期に開始されたのです。日本はアメリカにより、日英同盟廃棄という苦汁を飲まされました。以降、日本はひとり孤独に中国大陸の中心部に進出し、昭和期に入って次第に窮地に追い込まれていくのです。興隆から衰亡への潮目に位置していたのが、大正期の日本でした。

この時期の拓殖大学は、まさに日本の国勢の伸長に応じて、大きく発展しました。拓殖大学が拓殖大学たることを、世に強く訴えた興隆期でした。日本は明治の末年に韓国併合を成し遂げ、大正期に入って山東省のドイツ権益を引き継ぎ、さらに、南満州での権益を拡大しました。

台湾から朝鮮を経て満州へと向かう国勢拡大の過程に応じて、拓殖大学は、その教科、研究教育の内実を再編し、海外分校をも整備し、卒業生の「海外雄飛」を本格化させながら、日本という国家と運命をともにしたのです。

大正十一年時点において、台湾在住の卒業生は七六名、朝鮮在住者が二六九名、満州・支那在住者が二八二名でした。台湾、つづいて朝鮮、さらに満州へと、在住卒業生が順次増加していきました。台湾総督府、朝鮮総督府、朝鮮金融組合、満鉄（南満州鉄道株式会社）などの中堅幹部の席を得て、これらの組織を支え、日本と日本人の誇りを彼《か》の地で顕現した人々が、拓殖大学の卒業生でした。

卒業生がそれぞれの任地から母校拓殖大学に寄せた書簡を、後でいくつか紹介します。それらに宿る崇《たか》い使命感には、胸を揺さぶるものがあります。

❖桂太郎の逝去

学長桂太郎は、明治四十五年（一九一二）七月八日、若槻《わかつき》礼次郎、後藤新平を同道して欧州に外遊しました。途次、ペテルブルグで明治天皇ご重篤の報に接し、二十八日、当地から急《きゅう》遽《きょ》、踵《きびす》を返して帰路についたのです。明治天皇は、七月三十日に崩御。桂は八月十一日に帰京報告のために参内《さんだい》しました。

その後、桂は侍従長に任じられ、この大事に専念するために、学長を辞せざるをえませんでした。大正元年（一九一二）九月十一日、辞任式に臨んだ桂は、学生、教職員を前に次のように述べました。短い文章の中に、大学の由来と成果とみずから辞任にいたった経緯が、鮮やかに浮かびあがっています。

「卒業式を重ねること十回、卒業生を出すこと六百九十名に達し、台湾、朝鮮の新領土及び満州、支那、其《そ》の他の各地に就職して実地に国家発展の事業に干与《かんよ》することを得たるは、余《よ》の最も愉快とする所なり。殊《こと》に本年四月、畏《おそ》れ多くも　先帝陛下より恩賜の御沙汰を拝受するに至りたるは、本校至大の名誉にして、実に恐懼《きょうく》感激に耐へざる所なり。左《さ》れば余は益《ますます》の発憤精励して本校の改善を計り、以《もっ》て　聖恩《せいおん》の万一に酬《むく》ひ奉《たてまつ》らんことを期したるに、不図《はからず》も今回の重任を拝したるに依《よ》り、一意専心常侍補弼《じょうじほひつ》の大任を完《まっと》ふせんことを期し、茲《ここ》に本校長の任を辞するの已《や》むなきに至れり」

辞任式の翌大正二年春から、桂の体調は思うにまかせず、七月になって胃癌の診断を受けました。療養に専念、その間、皇室も三度にわたって侍医を遣《つか》わしたりしたのですが、回復ならず、十月十日に逝去。享年六十七。十月十八日、茗荷谷《みようがだに》キャンパス講堂での追悼式となりました。当日は、〝霖雨《りんう》蕭条《しようじよう》として紅葉ガ丘を包んでいた〟と記録されています。紅葉ガ丘とは、茗荷谷キャンパスのことです。

桂の墓地は、世田谷区の松陰神社に隣接して建立、第二次大戦終戦時までは、拓殖大学の関係者により命日や開校記念日には墓参がなされていました。戦後しばらくは、きわめつきの混乱の中で、大学との関係も薄くなっていたのですが、昭和五十五年三月、拓殖大学学友会世田谷支部が母校の八十周年記念事業の一環として「桂太郎墓所修復事業」を企図、桂家と協議のうえで改修工事を施し、今日にいたっています。墓所は世田谷区の史跡とされ、桂家、拓殖大学、世田谷区の三者合議で管理されています。

第一次大戦に参戦、勝利した日本の国勢は、台湾、朝鮮はもとより、中国山東省、さらには満州からモンゴル、南太平洋諸国にまで及びました。日本がその統治と開発に当たる地域が、一挙に拡大したのです。

開発に必要な資産は、この間の日本の工業発展によって次第に豊かなものとなりました。それにしても、狭隘《きょうあい》な国土に密度濃く人口が住まい、自然資源に乏しいという日本の実情は、容易に解決し難かったのです。

日本という国家が与えられている条件が、そのようなものであるという認識は、国民にも指導者にも強いものがあったのです。植民地統治を成功させて、その海外領土とともどもに発展していこうという気運が、日本人の心に次第に強くなっていったのです。拓殖大学の学生に、その思いは一段と強いものがありました。

❖東洋協会植民専門学校

大正四年（一九一五）八月に、校名が東洋協会植民専門学校と変更されました。そこには、大学の「植民学」を再建しなければならない、という意図がはっきりとみえます。桂太郎に次いで第二代の校長となったのは、台湾協会設立以来、幹事長として桂を支えつづけた、前文部大臣の小松原英太郎でした。小松原は、朝鮮の東洋拓殖株式会社の設立にも深く関与した人物です。

東洋協会植民専門学校の校則は、その第一条を、「本校ハ台湾、朝鮮、及ビ支那其《そ》ノ他南洋ニ於テ、公私ノ業務ニ従事スルニ必要ナル学術ヲ授《さず》クルヲ以《もっ》テ目的トス」とし、第二条を、「法律、経済、植民ニ関スル学術及ビ英語、支那語、台湾語及ビ朝鮮語ヲ教授ス」として、植民学と語学を中心とするという目的を、明確なものにしました。

ちなみに「植」と「殖」、例えば「植民」と「殖民」はいずれも、当時はほとんど同じ意味として用いられております。校史に残された文字をここではそのまま使います。私自身としては「殖」が正しいと思いますが、勝手に変えて使うわけにはいきません。

もう少し詳しく、学校の目的を述べたものとしては、小松原が大正六年四月、恩賜記念講堂で行った入学式の訓辞があります。そこで小松原は学校の目的として、「本校は植民専門学校にして、已《すで》に此《こ》の校名が示せる如《ごと》く、将来植民的事業に従事する者を養成する学校である。随《したがっ》て本校に入学したる諸子《しょし》は、総《すべ》て将来植民地に出で〻事に従はんとの志望と覚悟を以《もっ》て、入学したるものと信ずる」と述べています。また、植民専門学校となった経緯に及んで、次のように言葉を重ねています。文中の「三十七、三十八戦役」とは日露戦争のことですが、当時はそういう言い方が一般的でした。

「我が台湾協会は三十七、三十八戦役を経て東洋協会となり、随《したがっ》て本校も東洋協会専門学校となり、次で東洋協会植民専門学校と改称したのであるが、朝鮮が我が保護国となり、満州が我が勢力となるに及び、我が協会も目的を拡充して朝鮮及び満州に及ぼしたのである。即ち朝鮮、満州、支那等に関係を及ぼし、我が学校の卒業生も目今《もっこん》に至《いたっ》ては、朝鮮においては卒業生全体の約三分の一を有し、到《いた》る処《ところ》に、公私各種の方面に於て活躍して居るのである。而《しか》して将来朝鮮の開発に伴ひ、是等《これら》の人材を要することは益《ますます》多かるべく、随て朝鮮は将来も尚《なお》益有望である。……朝鮮は又北満州及び露領西伯利《シベリア》地方との関係が密接となつて将来日露の関係は其《そ》の面を一新するであろうから、是等は最も考慮を要することである」

❖新渡戸稲造の招聘

拓殖大学の植民教育において画期的なことは、その時点で世界的ベストセラー『武士道』を著《あらわ》していた新渡戸稲造《にとべいなぞう》を学監として招き、拓殖大学植民学の中心にこの人物を据えたことでした。学監というのは、大学の経営は校長に任せるものの、教学に関しては、すべてこれを取り仕切るという立場です。現在の学長と考えればいいでしょう。

新渡戸は、当時の日本の植民学の最高の権威でした。その権威は、日本の台湾統治における新渡戸の実績に裏づけられたものでした。新渡戸の台湾での大きな仕事は、後藤新平により初めて可能になったのですから、拓殖大学にとって後藤—新渡戸ラインは誇るべき大きな存在であった、といわねばなりません。

新渡戸は、アメリカ留学中に、後にセオドア・ルーズベルト大統領に絶賛され世界的名著としての評価を高めた『武士道』の英語（*BUSHIDO The Soul of Japan*）の執筆を終えて、札幌にもどろうと考えていたところでした。ちょうどその時期を見計らうかのように、台湾開発に力を

後藤新平と新渡戸稲造
左端が後藤、右端が新渡戸。中央は育種学の権威であるルーサー・バーバンク
（拓殖大学名誉教授 草原克豪所蔵）

貸してくれないかという要請をつづった、農商務大臣曾禰《そね》荒助《あらすけ》からの手紙を受け取りました。あまりに急なことで決心がつかないでいました。

しかし、再度の手紙が農商務大臣からきて、この手紙に書かれた要請は台湾総督の児玉源太郎と民政長官の後藤新平の二人のたっての願いだという内容でした。児玉といえば日本国民で知らない人もいない、日露戦争における満州軍総参謀長を務め、日露戦争後の日本において最高の権威をもつ軍人でした。また、後藤新平は、台湾総督府民政長官としての辣腕《らつわん》の仕事ぶりによって高い評価を受け、しかも郷里岩手県の高名な大先輩です。

新渡戸は、帰国の直後に、後藤、児玉と

面会しました。当初は逡巡《しゅんじゅん》していたものの、こんなにまで強く懇請《こんせい》されてそれを断るというわけにはいかない、自分の真価がこうまで高く評価されているのであれば、その真価たるものを新天地の台湾の地で試してみようと、次第に心が傾き、ついに決意にいたったのです。

台湾開発の成否は、一言でいえば、台湾の財政自立のいかんにある。後藤はそう考えていました。そのために台湾に必要なものが産業発展であることを後藤はよく理解していたのです。しかし理解はしていたものの、さて台湾にはその時点で、これといった振興産業を具体像として描くことができない。そこで、後藤は新渡戸を台湾に呼んで精細に台湾の実情を調査させれば、彼ならば必ずや妙案を出してくれるにちがいない、そう考えたのです。

台湾に赴《おもむ》いた新渡戸がはじめに着任したのは、総督府殖産課長でした。このポストを得た新渡戸は、児玉と後藤から、台湾においていかなる産業が振興に値するか、台湾を視察したうえで、できるだけはやく意見書を提出するよう促されました。

新渡戸の結論は、砂糖黍《きび》を搾って搾糖をつくり、これを精製して砂糖にするという、砂糖産業でした。この産業こそが台湾の土壌、地形、気候に最も適合的である、日本の国内にも十分なマーケットがある、というのが新渡戸の判断でした。

この判断に後藤が応じて、台湾の糖業の発展が緒に就いたのです。新渡戸の台湾糖業意見書は、後藤の説得によって、帝国議会をも無事通過しました。新渡戸は、品種改良のためにハワイから種苗を輸入し、作付けや搾糖技術の改良など、いくたびかの実験を重ね、生産性の向上に成功したのです。

糖業発展のための奨励法を策定して、農民の増産インセンティブ（誘因）を高めました。また、糖業育成のために総督府内に臨時台湾糖務局を設け、新渡戸がその局のリーダーとなって増産に邁進《まいしん》しました。生産高は急増、発足より三年間で倍増が達成されました。これにより島内の需要はもとより、日本国内の需要のすべてをまかなうことが可能になったのです。

この実績こそが、新渡戸をして日本の植民学の最高権威たらしめ、後の新渡戸を各界のリーダーに押しあげるベースとなりました。

台湾より帰任後、新渡戸は京都帝国大学の植民政策担当教授、次いで東京帝国大学に新設された植民政策講座の初代教授を務めました。その後、拓殖大学の学監となり、後藤校長を教学面からサポートする立場となったのです。拓殖大学の学監として、また植民学の教授として、この人物を迎え入れたことは、拓殖大学にとってなんとも誇らしいことでした。

新渡戸が学監に就任したのは、大正六年（一九一七）四月、翌大止七年には、学校が大きな変革期を迎えます。それまで三年間であった修業年限を一年延長、予科一年、本科三年の計四年制の本格的な教育機関となりました。名称も同年から拓殖大学と正式に改められたのです。

新渡戸が学監を辞したのは、大正十一年のことです。この間、五年でした。後藤と新渡戸のトウートップ体制下で、拓殖大学はその存在を内外に強くアピールしたのです。

❖新渡戸の植民思想

植民学も植民地政策論も、当時のそれは体系性をもった自立的な学問分野としてはいまだ成立しておりませんでした。少なくとも現在の開発経済学や開発政策論のような、実証可能な形で体系化されたものではありません。欧米列強の植民地統治の実態を調査し、これらから学ぶべきは学ぶという、意気先行のものであったように思われます。

しかし、新渡戸の植民学を新渡戸のものたらしめたのは、植民の本来の意味、つまりみずからが統治の任にある海外領土に移住（植民）し、その開拓活動（開拓）や経済活動（殖産）に従事し、もってその地の住民の利益に資すること、という思想基盤の上につねに立っていたという点は、強調しておかなければなりません。

新渡戸の言葉でいえば、「植民政策之《の》原理は之《これ》を概括することが出来ない。強《し》いて一言にして言へば、原住民の利益を重んずべしといふことであらう」に尽きているように思われます。

そのためには、次の四つの要因が必要だ、と新渡戸は語っています。（一）原住民の風俗習慣にはみだりに干渉すべきではない。（二）原住民の思想について、母国語を教えても原住民の思想は改まらない。（三）新附《しんぷ》の民を急に国家化せんとすることは不可能である。（四）本国人が原住民より実質的に優秀でなければ、教化《きょうか》はできない。

ここが、新渡戸思想の核心です。後藤新平の生物学的植民地経営論と大変に似通ったものを感じます。というより、後藤の指導を受けつつ糖業発展に力を注ぐ過程で、現地住民の慣行から離れた方法を採用しても、これが根づくことはない。日本語で教育しても、結局は、中途半端に終わらざるをえない。日本の制度や法の枠の中に現地住民を組み入れようとしてもだめだ。台湾の固有の制度や法への柔軟な対応が必要である。現地住民の発意を重んじ、なお殖産に成功するためには、植民する日本人自身がより優れた技術、学問、思想を身につけるより他ない、といっているのです。

開発を始めるに当たり、台湾の「旧慣」を徹底的に調査したうえでの「植民」という後藤の考え方が、新渡戸の植民学のベースに強く反映されたのです。

新渡戸が拓殖大学の学監に就任したのが、大正六年四月、後藤が第三代学長に就任したのが、大正八年二月。後藤と新渡戸は、第一次大戦後の欧州秩序にきわめて強い関心をもっていました。後藤は学長就任後、ほとんど日をおかずに新渡戸を誘い、門下生を引き連れて八カ月間の欧州旅行に発《た》ちます。

一行がパリに滞在中に、ベルサイユ条約により新たに国際連盟が設立されることになったとの報が入り、新渡戸は胸躍る思いでした。しかも、日本が五つの常任理事国の一つに選ばれたという事実に、新渡戸は大いなる感動を覚えます。

国際連盟事務次長の一人を日本から出すべきだという要請があったことをも、新渡戸は伝え聞きました。あろうことか、同行していた後藤は、新渡戸以外にこの職務に堪《た》える者はいない、というのです。驚く新渡戸を尻目に、後藤はただちにその意向を日本政府の関係者に伝え、同意を得たのです。

新渡戸も、この職に就《つ》いて日本の国際的地位向上を一層確実なものにしようと、臍《ほぞ》を固めます。後藤の行動はいかにも迅速です。後藤は、鮮やかな人材登用のありようをここでもみせつけました。

台湾ならびに拓殖大学において新渡戸の最も心強い理解者となった後藤との絆が、結局のところ、新渡戸をして日本人初の国際舞台でのキーパーソンたらしめたのです。

拓殖大学学監と植民学講座は、この事態の変化のために、それほど長くはつづかなかったのですが、拓殖大学植民学の講座を受けもつ人間として新渡戸が存在したことの意味には、いかにも大きなものがありました。新渡戸を継いで拓殖大学植民学を担ったのが、大川周明《しゅうめい》、満《みつ》川《かわ》亀太郎、安岡正篤《まさひろ》などの日本の思想史上の大人物でした。このことは、拓殖大学の植民学教授が新渡戸であったことと無関係ではありません。

後藤新平が拓殖大学の第三代学長に就任したのは、大正八年二月でした。前身である台湾協会学校が桂太郎によって設立されたころ、後藤は児玉源太郎の下、台湾総督府民政長官として、台湾全島にわたる大プロジェクトを次々とこなしておりました。糖業の産業発展がその目玉でした。台湾糖業振興の立役者の新渡戸が学監に就任、直後に後藤が学長になったのです。事実を振り返るだけで、この二人の人事が拓殖大学の拓殖大学たるゆえんを、みごとに証《あか》しているように私には思われます。

学長としての後藤

後藤新平は、日本の近現代史が生んだ希有《けう》の大いなる人物です。行政官僚としても政治家としても、藩閥や政党に頼ることなく、すっくとして一人立ち、この人のためなら力を惜しむことなく尽くそうと周辺に集う人々を決意させ、またその決然たる主張に、この政治家にならば仕事を任せても心配はなかろう、国民にそう思わせる能力と権威を漂わせていました。

後藤の年譜をみると、一人の人間が一生涯を通じてどうしてこれだけ多くのことがやれるものかと思わせられます。仕事の分野は、あきれるほど多岐に及んでいます。台湾総督府民政長官、初代満鉄総裁、第二次ならびに第三次桂太郎内閣の逓信《ていしん》大臣、鉄道院総裁、寺内正毅《まさたけ》内閣の内務大臣、外務大臣、第二次山本権兵衛《ごんべえ》内閣の内務大臣、帝都復興院総裁、政界引退後は東京放送局（ＮＨＫ）初代総裁、日本連合少年団（ボーイスカウト）総裁とつづいたのです。

後藤が台湾総督府民政局長（後に民政長官）として赴任したのが、明治三十一年三月。拓殖大学の淵源《えんげん》である台湾協会学校が開設されたのが明治三十三年年九月です。台湾協会学校が開始されたころ、後藤は台湾総督府民政長官として辣腕を振るっていました。

後藤が台湾に別れを告げたのは、明治三十九年（一九〇六）十月。激務の疲れを癒《いや》す時間をほとんど与えられずに、同年十一月には満鉄総裁に就任。満鉄というのは、南満州鉄道株式会社の略称。日露戦争後の明治三十九年に建設された、半官半民の特殊会社です。長春・大連を結んだ鉄道で日本の大陸進出の拠点となったのが、満鉄です。

後藤は、台湾から日本に帰るや、そのすぐ後の明治四十年五月に満鉄総裁として大連に上陸するというあわただしさでした。満鉄総裁はわずか二年に満たない短期間でしたが、大連や長春の都市開発などを中心に満州経営の基礎を固め、後藤がみずから抜擢《ばってき》、育成した中村是公《よしこと》に総裁を託して、明治四十一年六月に東京に帰着しました。七月に組閣された第二次桂内閣の逓信大臣として入閣、鉄道院総裁をも兼務しました。

つづく第三次桂内閣でも同地位を保ち、さらに大正五年十月に成立した寺内正毅内閣では内務大臣と外務大臣を兼務。しかし、寺内内閣は大正七年九月に総辞職、ここで後藤も大臣職を下りざるをえませんでした。

この辞任後は、後藤にとっては偶然のように訪れた、公職のしばしの「空白期」でした。このゆとりの時期に、後藤が東洋協会会長を引き受け、拓殖大学の第三代の学長にも就任したのです。後藤の学長就任は大正八年二月、以来、昭和四年（一九二九）四月に没するまで、終生、拓殖大学の学長を務めました。

政治的公職を離れて拓殖大学学長に就任したものの、その後なお後藤の声望は高く、時代と社会は、後藤を本学の学長のみにとどまらせておいてはくれませんでした。学長就任の翌大正九年十二月には東京市長、大正十二年九月一日正午直前に発生した関東大震災が東京を壊滅させ、新たに組閣された山本権兵衛内閣の内務大臣となり、帝都復興のための復興院を創設、みずからが総裁となって陣頭指揮を執《と》ったのです。水際だったリーダーシップでした。

このような次第ですから、後藤は学長の仕事に専念できたわけではありません。しかし、後藤は、多忙の中にありながらも、学生のことがつねに胸中にあって、その思いが学生にも伝わっていたのではないかと思われます。拓殖大学卒業の、後に述べる宮原民平は次のように後藤のことを回想しています。

「伯《はく》は学生に対しては慈愛に満ちた態度を以《もつ》て接せられ、随分厄介な申出をも聴かれ、得意の諧謔《かいぎやく》を弄《ろう》しつつ学生を相手に議論などもせられた。随《したが》つて学生も学長先生として慈父に対するやうな心安さを感じてゐた。伯は政躬《せいきゆう》多忙なるにも係《かかわ》らず、学生の催す弁論部の地方講演等にまで出席して講演せられたことも度々であつた。長途の汽車旅行は、若い者でも閉口するのに、伯の旺盛なる元気は実に人をして感嘆せしめたものであつた」

拓殖大学経営の面で後藤が残した業績のうち、画期的なものの一つを述べておきます。大正七年に大学令が制定され、その一環として私立専門学校の大学への昇格が可能となりました。しかし、それにはいくつかの厳しい条件が付され、一番厄介《やっかい》な問題は、多額の供託金を要求されたことでした。

この時期に大学に昇格した私立専門学校に共通した悩みが、この供託金の財源でした。拓殖大学は後藤の名声により、当時五〇万円、現在価値に引き直しますと一〇〇億円に相当するといわれる金額を、台湾の製糖会社から寄贈してもらい、この難題を切り抜けたのです。大正九年九月、後藤は東洋協会会長として次のような募集趣意書を各製糖会社に出したのですが、これに製糖会社が応じたのです。後藤の台湾経営の成功が、ひるがえって本学をも潤《うるお》したことを示す一例だということができましょう。

「余は昨年二月不肖《ふしょう》を以《もっ》て本会会長の重責に当り、先輩桂公等の遺志を継承し、益々本会の事業を完成し、以て時運の要求に応ぜむことを期せり。……東洋各地に於ける公私の業務に従事すべき人材を養成するは、刻下《こっか》に於ても最も必要なる事項なるを以て、従来経営し来《きた》れる拓殖大学に大なる改善を加へ、以て其《そ》の面目を一新せむことを期せり。……本会が時運の進歩に対応し、進んで是等《これら》事業並《なら》びに施設の発展拡張を図るは、実に本会の使命にして而《しこう》して又余の責任なり」

後藤と本学学生との深い縁を伝える、一つのエピソードがあります。後藤は、革命後のロシアとの関係修復に熱意をもち、日露協会会頭を務め、また日露協会学校（後のハルビン学院）の創設にもかかわりました。後藤はこのハルビン学院の第三回目の卒業式に参列するために、大正十四年（一九二五）三月に当地に向かったのですが、この二十日ばかりの旅程の間に、満鉄路線各地で働く卒業生の約五〇人と面会しています。満鉄沿線各地とは、釜山、京城、平壌、ハルビン、長春、奉天、撫順、按山、大連などです。この出会いを通じて学友同士もまた異国で絆を強めていったのです。

❖文装的武備論――後藤の満州経営論

後藤新平は、八年余の台湾総督府民政長官の任を終え、満鉄の初代総裁として大連本社に赴任したことは先にも述べました。後藤新平の遼東半島開発の哲学が「文装的武備論」です。後藤は、満州で勢力を張る関東軍の影響力を排しながら、旅順工科学堂、大連病院、満州医学堂、東亜経済調査局、満鮮歴史地理調査事業、中央試験所、旅順・大連都市計画の諸事業に、満身の力をもって当たりました。そのうえで、この地に大量の、日本のみならず各国の移民の導入を図ろうとしたのです。

文治により産業を振興し、移民を豊富に受け入れて彼らを定住させれば、外敵は容易にここを侵略することはできない。したがって、軍隊派遣のための巨額費用の支払いをまぬかれる、というのです。万一戦争になっても、鉄道は、本来は民生用であるけれども、戦時には兵員、武器、弾薬の運搬用車として、多大の貢献をしよう。病院が民生用であることはむろんだが、同時に野戦病院ともなろう。道路もこれを広く設定しておけば、種々の戦時用の機能を発揮させることができよう。「文装」ではあっても「武備」となる、これが後藤の「文装的武備論」の考え方です。

異文化社会の価値観に沿うような組織、制度を編み出すことが肝腎《かんじん》である。この肝腎な仕事に手を染めることなく武断型統治をつづけても、きわめて大きなコストを支払わざるをえず、しかも成功の保証はない。そう後藤は考えたのです。台湾総督府民政長官時代の「旧慣」調査にもとづく生物学的植民地論とは、つまりは武断型統治ではなく、文治型統治の優越性を追求した論理でした。

文装的武備論も、政治、経済、社会、その他の多様な領域を包括した異文化社会を統治するうえで、武備はその一部を構成するにすぎない。異文化社会を、独自に生成発展した一個の有機的生命体として捉えるならば、生物学的植民地論と文装的武備論は、実は同一の理念的枠組みの中で理解されるべきものだ、と私は考えています。

後藤新平という一代の政治家にして統治哲学に秀でた人物が、往時の日本の東アジアにおける国勢伸長を支えた人物として存在したこと、またその人物の影響力が失なわれるとともに、日本の国勢もまた荒波に飲まれていったという事実を、私どもは記憶の中にとどめておかねばなりません。

第11講

「興亜」の時代

❖拓殖大学の中の「興亜」思想

後藤の時代に大学令が出され、これによって専門学校であった拓殖大学は、東洋協会から名実ともに独立した大学となりました。

拓殖大学の拓殖学の中枢にいたのが、新渡戸稲造《にとべいなぞう》です。しかし、新渡戸の主たる仕事の場がジュネーブの国際連盟となったために、講座担当者は変更を余儀なくされました。後藤の判断により、大正九年に大川周明《しゅうめい》がこれを継ぐことになります。また、東洋民族心理研究を安岡正篤《まさひろ》、東洋事情を満川《みつかわ》亀太郎という、「興亜思想」の思想的指導者が、拓殖大学教授としてその名を高からしめたのです。

大川周明は、東京帝国大学でインド哲学を専攻、また漢籍にも秀でた思想家でした。拓殖大学教授就任以前に、イギリスのインド支配が手ひどい抑圧と残忍な搾取であることを知り、インドの対英独立運動に熱い視線を向けていました。ビハーリー・ボース、ヘーラムバ・グプタなど、インドを追われて日本に亡命中の独立運動家を、自宅にかくまったりしていました。日英同盟下の日本で、対英独立運動家を密かに自宅に住まわせることなど、実に危険な行動でした。

亡命者との交流を通じて、大川は次第にアジア人のためのアジア、「興亜」の思想運動に傾いていきます。新宿のパン屋、中村屋の経営者である相馬愛蔵《あいぞう》がビハーリー・ボースの身の安全を引き受け、後世、「中村屋のボース」として知られるようになります。

大川は、大正九年四月から昭和九年三月まで、長らく拓殖大学の教授職にあって、拓殖大学をベースに厖大《ぼうだい》な思想的著作の執筆と社会変革運動に携わりました。後に総長となる豊田悌助《ていすけ》は、大川の授業ぶりを回顧して、「大川周明先生は情熱をもって植民地と植民政策の講義をしていた。先生の講義は単に植民史や植民政策を書物によって講ずるのではなく、白人によって虐《しいた》げられているアジアの民族を復興せしめなければならないとする悲願をうちにこめていた。話にも自然と迫力があった」と回想しています。

大川周明は、大正七年に満鉄の付属機関、東亜経済局に入局。昭和七年（一九三二）五月十五日の五・一五事件の思想的指導者として逮捕、勾留《こうりゅう》を経て、再び東亜経済局にもどりました。ここで大川は、東亜経済局の付属研究所を創設します。この付属研究所が、大正、昭和期を通じて日本の興亜思想の中核的存在となっていったのです。付属研究所の資金は外務省が提供、さらには満鉄や陸軍も財政的支援をしておりましたので、公的性格をもってもいましたが、実態は、大川周明という大きな人物を仰いだ、「大川塾」ともいわれる私塾的な存在でした。

関岡英之は、『大川周明の大アジア主義』（講談社）の中で、拓殖大学と大川塾との関係について記述しています。大川塾の生みの親の一人が、高瀬侍郎《じろう》でした。高瀬はビルマ大使、沖縄復帰準備委員会日本側代表などを歴任して、昭和五十四年に拓殖大学総長となった人物です。高瀬が外務省の情報部に所属していたころ、外務次官に直接談判して大川塾の成立に漕《こ》ぎつけたのだそうです。

この大川塾を縁の下で支えた人物が、中島信一です。中島は昭和二年に拓殖大学を卒業、大川らが主宰していた「猶存社《ゆうぞんしゃ》」系の、拓殖大学の学生組織「魂の会」に属し、大川の指導を徹底的に受けました。ここに所属していたのが、やはり拓殖大学の支那語科を卒業し、昭和六十三年（一九八八）に拓殖大学理事長になった椋木瑳磨太《むくのきさまた》です。

椋木は、中島の仲介を経て外務省嘱託《しょくたく》となり、高瀬の所属していた情報部に配属、外務省から大川塾に出向して、大川の指導を受けました。中島は、後に上海に「中島道場」を創設して、その機関長になり、何人もの拓殖大学卒業生を引き受けていました。

日露戦争は、非白人国が白人国に挑んで初めて勝利した、世界史的な戦争でした。日露戦争での日本の勝利ほど、非白人国にとって衝撃的な事実はありませんでした。非白人国において、民族主義がはっきりとした形を取り始め、やがてこれが民族独立運動へと変じていったのです。日本でも、これら非白人国の民族主義と連帯しようという動きが活発化していきます。

アジアが連帯して列強に立ち向かうべしとする思想が、「興亜思想」です。その思想的リーダーが、大川周明でした。もう一人の拓殖大学教授である満川亀太郎は、大川、北一輝《いっき》などとともに、思想結社「猶存社」を結成、アジア復興と国家改造を推進しました。北一輝は、後の五・一五事件の反乱を促した『危険思想』の指導者として処刑された人物です。

大川、満川の二人に加えて、当時の拓殖大学を活動の拠点に、その言説を華やかに展開した教授に、安岡正篤がいます。安岡は、国家改造と復興アジアを志す青年の養成機関である社会教育研究所の設立に深くかかわりました。

大川、満川、安岡は、当時の拓殖大学言論人の花形でした。学生もこの三人の講義に集中したようです。学内にも、いくつかの思想団体が生まれました。大川、満川らの指導の下に、東京帝国大学に「日の会」、早稲田大学に「潮の会」、慶應義塾大学に「光の会」、駒澤大学に「命の会」、明治大学に「明の会」、北海道大学に「烽《のろし》の会」、大東文化学院（後の大東文化大学）に「史の会」、第五高等学校（後の熊本大学）に「東光会」、京都帝国大学に「瑞穂《みずほ》会」などがつくられ、大正十一年には、拓殖大学に大川の命名によって前述の「魂の会」が設置されました。発起人は大川の思想に共鳴する大正十年度卒業の数名でした。学生の一人、狩野敏は、次のように語っています。

「〝魂の会〟は当初特定の綱領は掲げなかった。敢《あ》えて活字にはしなかったが、口伝《くでん》して曰《いわ》く、内に沈潜して先《ま》づ己れを修めよ。魂の鍛錬 長養《ちょうよう》に精進して純学たる日本精神の把握に拮据《きっきょ》すべし、と。差しあたって、週一回、日を定めて先生を囲む会を持つこと。知識を磨く方便の一つとしてジードの経済原論を参考書として会合毎《ごと》に、二時間づつ先生から課外授業を受けること、等を定めて実行に移った。〝魂の会〟誕生と前後して拓大には、更《さ》らに新進の碩学《せきがく》、満川亀太郎、安岡正篤の両先生を教授として迎えた。勿論之《こ》れも大川先生の進言によるところ、必然〝魂の会〟には得難き三人もの指導者を得て、会勢大いに振《ふる》ったことは言うまでもない」

❖もう一人の興亜思想家・宮原民平

この時期の拓殖大学の教授として、拓殖大学の教学と学生指導に当たった重要な人物が、もう一人いたことが忘れられてはなりません。宮原民平です。宮原は、明治三十五年、開設間もない台湾協会学校に入学、二年級在学時に支那語通訳として日露戦争に陸軍通訳として従軍、兵役により二年近く休学の後、復学、明治三十九年七月卒業。同年九月より拓殖大学の支那語の講師となりました。

明治四十四年一月から四十五年九月まで、大学の派遣により清国に留学、中国文学・中国語研究に携わりました。帰国後、学生主事、監事、学監、理事などの要職を担い、終生、拓殖大学のために尽くした人です。研究者としては、中国の元曲（元代の雑劇）を日本に初めて紹介した、中国俗文学の第一人者でした。中国文学というより、市井《しせい》の中国語の研究に優れ、当時、稀有な研究分野を開いた学者でした。

大正十年十月に、拓殖大学の教職員と学生との共同で海外事情の研究とその啓蒙を図るための学術機関である拓殖研究会が創設され、翌十一月に機関誌として『拓殖文化』が創刊されました。その創刊の辞を宮原が執筆しています。これを読みますと、拓殖大学の当時の教職員や学生たちが、復興アジアの社会思潮に大いなる共感を抱いていたことがわかります。宮原はここで、復興アジアのためには、「有色人種を指導し啓発」しなければならず、そのためにはアジア研究の徹底が必要であることを、高い調子で語っています。

宮原民平

「人類の歴史は止に大転換の機に臨んで居る。一言以《もつ》て之《これ》を蔽《おお》へば、白人が有色人種を使役《しえき》した歴史であった。白人の富貴《ふうき》と其《そ》の栄華は、有色人種の膏血《こうけつ》に由《よ》つて齎《もた》らされたものである。牛馬が人間の幸福の為めに使役せらるゝが如《ごと》く、白人種の幸福と便宜の為めに如何《いか》に長き年代に於て、如何に多くの有色人種が犠牲として供《そな》へられたことであろう。……門戸開放とか機会均等とかの語は、白人の主権の及んで居る地方には通用しない。彼等は有色人種に対しては門戸閉鎖を実行し、機会不均等を唱えて居る。（オーストラリアの）白人豪州主義は其の一である。米国の日本人排斥は其の二である、門戸開放・機会均等等の二語は米国人の首唱《しゅしょう》したもので、専《もっぱ》ら極東にのみ適用せられる語であることに注意せよ」

❖校歌——使命は崇し青年の

諸君の歌っている校歌は、大正八年十一月三日の創立二十周年を記念して作成されたものです。作詞者は宮原民平、作曲者は当時の陸軍軍楽隊長で、多くの文部省唱歌の作曲にかかわった永井建子《けんし》でした。

（一）右手《めて》に文化の炬《ひ》をかかげ
　扶桑《ふそう》の岸に声あげて
闇は消えよと呼ぶは誰《た》ぞ
　人は醒《さ》めよと呼ぶは誰ぞ
嗚呼《ああ》　輝ける雄渾《ゆうこん》の
姿ぞ　我の精神《こころ》なる

（二）雲は焔《ほのお》の色に飛《と》ぶ
南国水はたぎるとも
春光永久《とわ》にへだてたる
北地に氷とざすとも
仰いで星を見るところ
拓《ひら》かでやまじ我が行手

（三）人種の色と地の境
我が立つ前に差別なし
膏雨《こうう》ひとしく湿《うるお》さば
磽确《こうかく》やがて花咲かむ
使命は崇《たか》し青年の
力あふるる海の外

第一節の右手は「めて」と読みます。右手の反対は左手ですが、これは「ゆんで」と読みます。弓を引く時、弓を握るのが左手で、矢をもつのが右手です。武者の右手には、強い力が感じられます。この手に、矢ではなく〝文化のたいまつを高くかかげよう〟ということですね。

　扶桑とは、日本国の別名です。この日本から、「闇は消えよ」と叫ぼうではないか。この闇とはなんでしょうか。当時の宮原や拓殖大学の教職員が感じていたものは、非白人を抑圧する欧米列強のことにちがいありません。「誰ぞ」というのは、誰あろうわれわれではないか、という語感です。「人は醒めよと呼ぶは誰ぞ」の「人」とは、アジアの民衆のことでしょうね。〝アジアの人々よ、欧米列強の抑圧をはねのけ、われわれと一緒に解放を叫ぼうではないか〟といった感じです。

　第二節ですが、二行目の「南国」とは、列強の支配下にあるアジアの国々、四行目の「北地」とは、ロシアの南下政策の脅威を恒常的に受けていた満州、モンゴル、ウイグルなどでしょうね。南国の雲は焔のように赤く燃え、独立の水もたぎらんとしている。春光の差し込まない北地の人々は、ロシアの脅威を受けて凍《い》てつく寒さからまだ解放されていない。しかし、これら列強の脅威にさらされている南国や北地と日本とは、天空でつながっているではないか、といった感じが「仰いで星を見るところ」でしょう。この地を解放し、開発し、自立させることが私ども日本人の宿命なのだ、といった感覚が「拓かでやまじ我が行手」の意味です。

　第三節の膏雨の「膏」は、「うるおう」という意味です。ですから膏雨は慈雨とだいたい同じ意味です。磽确というのは、現在の辞書には載っていない文字ですが、荒れた土地とか、荒野といった意味です。列強支配に抗するアジアの人々とともにわれわれが闘うならば、この荒野にもやがて豊かな雨が降り汁ぎ、そこに花が咲くにちがいない、という意味です。

第三節の一行目、二行目が「人種の色と地の境　我が立つ前に差別なし」です。白人国と非白人国は、まぎれもなく支配と隷従の関係にありました。国際連盟が成立したとはいえ、日本による人種差別撤廃提案が多数決の原則を破ってまで、いとも簡単に否定されてしまうような時代背景のことを考えてみましょう。第三節の一行目、二行目のこのフレーズには、拓殖大学の拓殖大学たる精神のゆえんが、確かに記されていると私は思います。

❖日本の勢力伸長・卒業生の赴任地

大正十一年（一九二二）、学校名は東洋協会大学となりました。大学の目的も、「進取果敢ノ気質ニ充《み》チ、且《か》ツ増殖ノ率《りつ》世界ニ類《たぐい》罕《まれ》ナル我民族ハ此《こ》ノ局小ナル天地ヨリ出《いで》テ、海外ニ発展セザル可《べか》ラザル宿命ヲ有ス」とうたいあげられたのです。台湾総督であった初代学長の桂太郎、朝鮮の東洋拓殖株式会社の創立にもかかわった第二代学長の小松原英太郎、台湾総督府民政長官・満鉄初代総裁を務めた第三代学長の後藤新平、この三代学長の変遷は、拓殖大学の伸長のありようを象徴しています。

任地別の就職先一覧

（単位：人）

<table>
<tr><th></th><th>大正3年</th><th>大正8年</th><th>大正11年</th><th>昭和4年
（参考）</th></tr>
<tr><td>台　湾</td><td>92</td><td>85</td><td>76</td><td>75</td></tr>
<tr><td>朝　鮮</td><td>297</td><td>236</td><td>269</td><td>288</td></tr>
<tr><td>満　州</td><td>−</td><td>146</td><td rowspan="2">282</td><td>197</td></tr>
<tr><td>支　那</td><td>110</td><td>83</td><td>89</td></tr>
<tr><td>南　洋</td><td>−</td><td>17</td><td>18</td><td>17</td></tr>
<tr><td>シベリア</td><td>−</td><td>8</td><td>4</td><td>−</td></tr>
<tr><td>その他外地</td><td>15</td><td>11</td><td>14</td><td>27</td></tr>
<tr><td>以上、外地計</td><td>514</td><td>586</td><td>663</td><td>693</td></tr>
<tr><td>内　地</td><td>207</td><td>353</td><td>424</td><td>908</td></tr>
<tr><td>卒業生総数</td><td>798</td><td>1167</td><td>1386</td><td>1929</td></tr>
<tr><td>（物故者）</td><td>52</td><td>92</td><td>142</td><td>259</td></tr>
</table>

出所：『拓殖大学百年史：大正編』（拓殖大学）

海外で働く卒業生たちの正確な数値を把握することは、いまとなっては容易ではありません。しかし、大正十一年発行の『東洋協会大学一覧』によって、かなりの詳細をつかむことができます。その時点で、それぞれの国のどのような組織で彼らが就業していたかをも、この資料は伝えてくれます。その他、大正十一年のものほど包括的ではありませんが、いくつかの断片的な資料が若干あります。これらにもとづいて、卒業生を赴任国別にみたものが、表です。

海外在住者の方が国内にとどまっていた者よりはるかに多いのです。大正期のいずれの時点でみても、同様であったことがわかります。こんな教育機関は、拓殖大学以外のどこにもありませんでした。

大正十一年の海外在住者は、満州・支那二八二名、朝鮮二六九名、台湾七六名、南洋一八名、シベリア四名、その他一四名の計六六二名でした。この年の海外在住者がどんな組織に属していたかを列記してみます。以下がそれです。一二名以下は除いてあります。

朝鮮金融組合	一〇二名
南満州鉄道	七五名
朝鮮総督府ならびに関連諸官庁	五〇名
台湾総督府ならびに関連諸官庁	四五名
三井物産会社	四一名
朝鮮銀行	三七名
台湾銀行	二六名
東亜煙草会社	二五名
朝鮮拓殖銀行	二四名
日本郵便会社	二二名
東洋拓殖会社	二一名
在満州ならびに関連諸官庁	一七名

横浜正金銀行　　　　　　　　　　　一六名
正隆銀行（大連）　　　　　　　　　一三名

グローバル人材の養成が、現在の拓殖大学の目的の一つです。ご覧のように、拓殖大学の卒業生は、すでに大正時代に、国内在住者よりも海外在住者の方が多かったのです。

大正期において、卒業生たちが赴任先国で、どんな感懐を抱いてその国を眺めていたのか。大正三年（一九一四）十月の学友会『会報』に寄せた堀新平の文章があります。初々しい文章です。台湾総督府の地方部局、台南庁に赴任するために、台湾との往復船の笠戸丸に神戸から乗船、五日間をかけて台湾の基隆《キールン》港に到着、上陸して目的地に向かう列車に乗り、初めて台湾の地を踏んだ時の情景描写です。当時の台湾の貧困ぶりを、あるエピソードから目に浮かぶように描写しています。加えて、これから自分が赴任する地がどんなところなのだろうかという不安と、しかし大学で得た語学や地域事情の知識をもって、なんとか頑張ろうという気概が伝わってきます。

「六千幾頓《トン》の我が笠戸丸が基隆港に横付けになつたのは六日の午後五時半でした。弁髪《べんぱつ》を頭に巻き裸体同様の台湾苦力《クーリー》は行李《こうり》の陸上げに先を争ふて船にやつて来ました。上陸して停車場に赴《おもむ》き八時発の打狗《たかお》行の列車に乗り込みました。客は内地人と本島人と殆《ほとん》ど相半《あいなか》ばする有様でしたが、私は大和民族の偉大なる発展力に驚きました。又《また》官吏の物々しい帯剣で渡台《とたい》する人の目を惹《ひ》きます。汽車の進行するのに随《したが》ひ沿道には七月初旬なるに柿は熟して利鎌《りれん》を待つあり既に刈取られて水牛の田を耕するあり、内地と全く式の異なつた台湾家屋やら種々の草木まで私共には珍しい世界が展開するのです。

私の坐席の前に台湾婦人が、人の囝仔《ぎなあ》（子供）をつれて腰をかけて居りましたが、私の食ふパンを見てその囝仔が母にねだりました。すると母親は二銭銅貨一枚を出して私に売つて呉《く》れと申しました。此《こ》の時初めて学校で柯先生から学んだ台湾語を実地にて応用しますと、案外にも先方に通ずるので占めたりと、知れる限りのことを話ました。……新竹駅を過ぎ台中嘉義の野を貫き山を越えて愈々《いよいよ》南進すると、沿道にはバナヽ実り檳榔樹《びんろう》は高く、青葉の木陰に竹椅子を持ち出して憩ふ内地人を見るにつけても、身の既に熱帯圏内に入れるを覚えました。連日の旅行に疲労して身を台南の東屋旅館に横《よこた》へたのは午後八時、女中に背を流してもらつた風呂の心地はまた格別でした」

もう一つは、排日運動の燃え盛る上海での観察を、体験した者でなければ描きえない緊迫の筆致で描いた文章です。卒業生原田茂のものです。

「今次の排日はその根底浅からず、米国人の後援あるは明々白々の事実にて之《これ》有り候《そうろう》。初めは只《ただ》日貨排斥のみにて、市内各所に檄文《げきぶん》を貼り付けて民心を煽動《せんどう》致し居り候。或《あるい》は先施公司、永安公司等のデパートメントストアーの大建築に登り、三、四階の楼上より、大道を目懸けて是等《これら》の煽動的文字を並べし印刷物を投げ、或は、日本製麦藁帽子を散々に打ち毀《こわ》して竹の先に懸け、日貨如斯《かくのごとし》などと説明したる紙片を貼りて通行の人に見せる位の方法をとり居り候。其《そ》の他日本人との取引を中止するものあり。之に皆在上海の支那学生が先登《せんとう》となりて双務商会等を遊説して味方となし遂に最近の如き大々的排日に相成《あいな》り候。事愈々《いよいよ》重大となれるは本月に入りてより各処にて日本人の殴打せらるるあり……暴民の行為にて如何《いか》に支那学生が不都合なるかは実に言語に絶し居り候。……学生等は路上にて参々伍々散在して檄文を配り、手には〝切勿暴動〟（暴動はしてはならない）の四文字を墨痕《ぼっこん》鮮かに記したる白旗を翻《ひるがえ》し、無知の下級民をして日本排斥に傾注せしめ居り。教師引率の下に隊伍堂々の示威運動をなし、戸別に熱血的過激文字を連ねたる白旗を立て門戸に愛国休業抵制日貨、或は五月九日国恥記念等不都合なる連《れん》を貼り、或は画に眠れる獅子が今日を覚して日本の国土に爪を立てんとするところを画《か》くなど実に振《ふる》つて居り候」

第12講

大陸の泥沼に足をとられる日本

❖穏当なる「対支政策綱領」

大正時代、日本は第一次大戦に参戦、これに勝利して中国大陸への関与をますます強めました。しかし、第二次大戦の敗戦にいたる昭和の二十年史は、大陸関与を深めながら国力を消尽し、ついに亡国の淵に立たされるという、日本の近代史の中でも稀にみる惨憺《さんたん》たる時代だったのです。

日本が関与した中国大陸は、統一国家ではなく、逆に「四分五裂」でした。国民党政府は左右に分裂し、国際共産主義組織コミンテルンが中国に共産主義を「扶植《ふしょく》」して、共産軍を育成、強力ないくつかの軍閥が各地に跋扈《ばっこ》していた時代でした。

これら諸勢力によって日本人居留民が脅かされました。このことに端《たん》を発した軍事的進出が、第一次山東出兵です。大正時代は、日中錯綜の中で始まったのです。

日本政府は、みずからの対中国政策の基本がいずこにあるのかを明示し、国論の統一を図る必要に迫られていました。首相田中義一《ぎいち》は、現地側から駐支公使や奉天総領事などをも出席させて、前後五回にわたり対中政策について徹底的に議論を闘わせました。東方会議として知られます。

会議の最終日、昭和二年（一九二七）七月、田中義一により取りまとめられたものが「対支政策綱領」でした。

この綱領は、実に穏当で的確なものでした。

要約しますと、第一に、日本は中国における内乱、戦争には関与せず、各派閥の離合集散に干渉しないこと。第二に、中国における穏健分子の自覚にもとづく合理的な要望には、日本も協力すべきこと。第三に、中国の統一は、結局のところは、中国に強力な中央政府が生まれなければ不可能である。しかし、これは容易ではないので、日本は各地方の穏健なる勢力と適切に付き合い、全国統一の機運を漸次《ぜんじ》つくるべきこと。第四は、中国内の各勢力に対しては、日本はまったく同様に平等の立場を取り、統一気運が生じた場合には日本はこれを支持すべきこと。

第五に、しかし、中国における日本の権益、在留邦人の生命・財産が侵された場合には、必要に応じ断固これに対処すべきこと。第六に、満州には、日本の重大な特殊権益が存在するため、ここを外国人安住の地とすることは日本の責任であり、同時に、門戸開放・機会均等主義を遵守《じゅんしゅ》すべきこと。第七に、満州の政情安定のためには満州人自身の努力を待つべきこと。第八に、万一動乱により日本の特殊権益が脅かされた場合には、機を逸することなくこれを処理すること。この八項目でした。

いずれもまっとうな事実認識であり、不適切なところはどこにもありません。

❖張作霖と張学良

蔣介石の第一次北伐は失敗に終わりました。しかし、蔣介石は諦めず、態勢を立て直して、昭和三年（一九二八）四月に第二次北伐へと打って出ました。蔣介石の国民党軍、張作霖《ちょうさくりん》軍ともに一〇〇万の兵力を擁して戦闘を繰り返しましたが、今回は集中力に勝る国民党軍が奉天軍を打破、次いで満州を包囲、やむなく田中内閣は居留民保護のために第二次山東出兵を決定しました。

山東省の要衝である済南が、国民党軍によって包囲されました。しかし、国民党軍が日本人居留民を確実に保護するので撤退すべしとの蔣介石の言質《げんち》を得て、日本軍は退去しました。その直後に、国民党軍の居留民への襲撃が始まったのです。取って返した日本軍との間に激しい銃撃戦が市街地で展開、多数の日本人の兵士と居留民が惨殺、凌辱、略奪の被害を受けました。済南事件です。

この事態を受けて、「暴支膺懲《ようちょう》」の声が日本の国内に充満したのです。「暴支膺懲」は、〝暴虐な支那を懲《こ》らしめよ〟の意です。日本政府は、もはや国民世論を御《ぎょ》することが困難な情勢となったのです。済南事件は、日中関係の転機でした。

日本は、奉天軍閥の指導者張作霖を支持していました。東方会議の考え方にもとづく「分治的」な政策を張作霖が支持したからでした。しかし、張作霖は分治政策にあき足らず、北京に出陣し、国民党軍の到来を待ち構えました。首相田中義一は、奉天軍閥と国民党軍が衝突し、国民党軍が勝利して山海関を越え、満州にまで進軍した場合、満州における日本の特殊権益が侵害されることを恐れて、張作霖に奉天（現在の瀋陽市）への引き上げを勧告しました。

張作霖は、国民党軍が北京に進軍するや、その軍力に圧倒され、形勢不利とみて特別列車で北京を経て奉天に向かいました。張作霖の乗る列車が京奉線と満鉄線の交差する鉄橋を渡っている最中に、関東軍参謀の指示によって仕掛けられた爆弾が破裂、張作霖は即死。万里の長城以北の統治を張作霖に、以南を蔣介石に任せて満州、北支の安定を図り、もって日本の在満権益を確保しようという田中義一の構想は、この事件によって破綻《はたん》してしまったのです。

満州の支配権を新たに継承したのが、張作霖の長子の張学良《がくりよう》でした。父を爆殺された彼の怨恨《えんこん》には深いものがありました。日本の勧告を拒否して、昭和三年十二月、蔣介石の国民党に帰順の意を伝えるべく、青天白日旗を掲げて（「満州易幟《えきし》」）、国民党軍の傘下に入ってしまいました。そして、張学良は長城以南の関内で、蔣介石に次ぐ地位の陸海空軍副司令官に任じられたのです。

「泥沼に足をとられる」という表現があります。張作霖爆殺事件以降の日本の大陸政策は、そのことごとくが中国によって裏切られつづけました。東方会議で示されたような穏当な方針の遂行は、そのすべてが阻止され、日本は懐《ふところ》の深い大陸の中心部で自滅の道をたどっていくのです。つづく満州事変がその一、上海事変がその二、支那事変がその三でした。

❖コミンテルン主導の排日運動から満州事変へ

満州事変が起こったのは、昭和六年（一九三一）九月十八日。張学良の「満州易幟」以来、排日ナショナリズムが満州に充満しました。国民党外交部長さえ、「革命外交」を主張するにいたりました。外交部長は、それまでの日本と清国との間で結ばれた、一切の条約の破棄を宣言したのです。

排日ナショナリズムばかりではありません。コミンテルンの支援を受けた中国共産党の満州への浸透にも著しいものがありました。昭和三年（一九二八）七月には、モスクワでコミンテルン大会が開催され、労農大衆の支持獲得方針を決定、同年十一月には中国共産党満州委員会を発足、一大勢力として形成されつつありました。

労農大衆の指示を得ようと共産党が排日を叫び、満州における反日運動は各地の日本人居留民を、名状し難い不安と恐怖に陥《おとしい》れました。その典型が二度にわたる間島暴動でした。日本領事館が襲撃を受け、発電所、交通機関などが破壊されました。間島とは、吉林省東部、豆満江北岸に位置し、日本人とともに朝鮮族が多く定着していた地域です。暴動は、共産ゲリラによる襲撃によって起こりました。

北京の国民党政府にあっては革命外交、奉天にあっては張学良の強勢が加わり、反日ナショナリズムは火を点じれば、一挙に燃え盛りかねない状態となりました。

このような情勢の中で起こったのが、昭和六年九月十八日の柳条湖事件です。柳条湖とは、奉天の近郊の地名です。この事件を発端として、事態は満州全域を巻き込む満州事変へと拡大していきました。関東軍による満鉄爆破を、日本軍が張学良軍閥による暴行だとして軍閥の本拠地を攻撃、占領した事件が、柳条湖事件です。柳条湖事件以降、関東軍が満州の全域を占領、ここに満州国を建国しようとしたのです。

❖国内事情及ビ国際関係ハ複雑難渋ヲ極メ、変則、例外ノ特異性ニ富メル

昭和七年（一九三二）三月一日、関東軍の工作により満州国が建国されました。皇帝となったのは、最後の清朝皇帝宣統帝溥儀《せんとうていふぎ》です。同年九月十五日には、斎藤実《まこと》内閣の下で日満議定書が調印され、満州国成立が内外に宣言されました。

首相犬養毅《いぬかいつよし》は、満州国建国が日本を国際的に孤立させることを恐れて、建国に賛意を示しませんでした。犬養は、昭和七年五月十五日に自宅を襲った軍人により銃殺されました。五・一五事件です。

中国は、柳条湖事件の発生直後、国際連盟に対して関東軍の横暴を提訴。国際連盟は、満州国成立後にリットン調査団を派遣しました。このリットン調査団の報告書により、満州国建国の正統性が否定され、日本の満州国からの撤退が勧告されたのです。

日本政府は、昭和八年二月二十日の閣議で撤退勧告案が国際連盟で可決された場合には、国際連盟を脱退することを決定していました。果たせるかな、二十四日の連盟臨時総会で、撤退勧告案が四二対一という圧倒的な支持をもって可決されました。松岡洋右《ようすけ》代表は、憤然、席を蹴って退場。日本は国際連盟から脱退してしまったのです。

日本政府により昭和八年三月二十七日に出された国際連盟脱退通告文には、中国の現状に対する正鵠《せいこく》を射た日本の考え方が表明されています。これが真実の一文であったことを、ここで記しておきたいのです。

「支那ガ完全ナル統一国家ニアラズシテ、其《そ》ノ国内事情及ビ国際関係ハ複雑難渋ヲ極メ、変則、例外ノ特異性ニ富メルコト、従《したがっ》テ一般国際関係ノ規準タル国際法ノ諸原則及ビ慣例ハ、支那ニ付《つい》テハ之ガ適用ニ関シ著シキ変更ヲ加ヘラレ、其ノ結果、現ニ特殊且《か》ツ異常ナル国際慣行成立シ居レルコトヲ考慮ニ入ルルノ、絶対ニ必要ナル旨《むね》力説強調シ来《き》タレリ」

中国には、国際法の精神に則って交渉をすべき統一国家としての実体がなかったのです。このことは、すでに指摘したように正しい観察です。

満州事変は、関東軍によって引き起こされ、これを日本政府が事後的に承認するという形で展開しました。要するに、軍部の独走の結果であったとする見方が、いまなお有力です。確かに事実は軍部の独走でした。しかし、軍部の独走がなければ満州事変は起こらず、満州国建国もなかったかといえば、ことはそれほど簡単ではありません。

❖満州事変に関するパル判決文の判断――「正論」とはなにか

当時の日本が国際的におかれていた状況を考えれば、満州事変に関する戦後の通説はまちがいであることがわかります。歴史は善悪で論じてはなりません。その時々に与えられていた条件の中で判断されるべきものです。

日露戦争の勝利によって確保され、ポーツマス条約での和議により条約の形で承認されたものが、日本の満州における特殊な地位と権益です。このことを顧みれば、事態の進展には必然性があったといわざるをえません。少々長い文章ですが、付き合ってください。極東軍事裁判（東京裁判）における裁判官の一人がインド人のラダ・ビノード・パールです。

彼が書いた判決書が、いわゆる「パル判決書」です。ここに記載される次の一文に、私はつけ加えるなにものもありません。「正論」とは、まさにこういうものをいうのです。

「日本が往時の侵略によってこれら中国、満州における日本のすべての権益を獲得したものと仮定しても、この事実によって過去の国際制度上の日本の法的立場はいささかも影響を蒙《こうむ》らないのである。本裁判の訴追《そつい》国である西方の列強が、中国をふくむ東半球において主張する権益は、かような侵略的手段によって獲得されたものであり、かれらがパリ条約の署名時において、東半球におけるおのおのの権益に関して、留保条件を付したさいには、これらの列強は、かような権益にたいしても自衛および自己保全の権利が及ぶものと考えていたことは確実である。

これに関して、少なくとも英国は日本との同盟条約においてこの〝特殊地位〟を認めたことを付言しておきたい。もしも満州における権益の性格についての日本の主張が正しいものならば——すなわちその主張する特殊地位もしくは特殊権益が、日本の自存のために必要なものならば——この一九二二年のワシントン条約は日本から、かような権益を奪うことはできないことに注意すべきである。

自存はたんに国家の権利であるだけでなく、同時にその最高の義務であり、他のあらゆる義務はこの自存の権利および義務に隷属するのである。国際関係においては、すべての国家はこの権利を支配的条件とみなし、その他のあらゆる権利義務は、この条件のもとに存すると見ている。この権利の発動は、それ以外の原則に従って行動すべき義務を停止する。自存の観念は、場合によっては、重大な加害に対応するための自己保全までをふくむことがありうる」（東

京裁判研究会編『共同研究 パル判決書』講談社学術文庫)

❖かのマッカーサーがこう証言した

もう一つ、日本では長らく注目されてこなかった重要な証言があります。誰あろう、ダグラス・マッカーサーがアメリカ上院の軍事外交合同委員会で述べた証言です。マッカーサーは、日本での長い経験や知識から、日本が満州に兵を送り、ここに建国をすべく戦争に打って出ざるをえなかった理由を正確に理解していました。日本の過去の戦争は「自衛戦争」であった、とかのマッカーサーが証言しているのです。

日本占領時に徹底的に「ウォー・ギルト・インフォメーション・プログラム」を展開させた張本人の証言です。

「日本は絹産業以外には、固有の天然資源はほとんど何も無いのです。彼らは綿が無い、羊毛が無い、石油の産出が無い、錫《すず》が無い、ゴムが無い。それら一切のものがアジアの海域には存在していたのです。もし、これらの原料の供給を断ち切られたら、一〇〇〇万から一二〇〇万人の失業者が発生するであろうことを日本人は恐れていた。したがって、彼らが戦争に飛び込んでいった動機は、大部分が安全保障の必要に迫られてだったのです」(小堀桂一郎編『東京裁判 日本の弁明──「却下未提出弁護側資料抜枠」』講談社学術文庫)

❖〝南京虐殺〟という虚偽

満州国の建国が、日本にとって他に選択肢のないものであったにしても、これを契機に日本が大陸の中心部で、さらに深い泥沼にはまっていったことだけは確かな事実です。満州国建国は、日本の運命を決する分岐点となったのです。

満州国建国が宣せられた昭和七年三月の少し前、同年の一月に第一次上海事変が勃発しました。日蓮宗の僧侶が上海租界で暴漢に襲われたことをきっかけに、反日ナショナリズムに包囲され、強度の不安と恐怖におののいた約三万人の日本の上海居留民の声を受け、日本海軍特別陸戦隊が国民党軍を襲撃しました。

共同租界の上海には、各国の外交機関が存在していました。多数の居留民が居住する上海でのこの日本の行動は、中国人のナショナリズムを煽《あお》るとともに、列強にも日本に対する強い猜《さい》疑《ぎ》の念を植えつけてしまったのです。

日本は、昭和九年十二月の閣議で、ワシントン条約単独廃棄を決定、建艦競争を再開、「武蔵」の建設を同年に決定しました。ロンドン軍縮条約に調印した浜口雄幸《おさち》内閣は、条約調印の責任を政友会により統帥権干犯問題として糾弾《きゅうだん》され、これが軍部の独自行動を正当化する契機となっていきました。統帥権干犯問題とは、大日本帝国憲法では「天皇ハ陸海軍ヲ統帥ス」

とされていたことを論拠に、ロンドン軍縮条約に調印した政府を、海軍軍令部が激しく問いつめたという問題です。

昭和十一年一月には、日本はロンドン軍縮会議からの離脱をも決定しました。ロンドン軍縮条約とは、ワシントン体制下の軍縮条約によって定められた主力艦船の制限に加え、補助艦の制限を主目的として、昭和五年四月に調印された条約です。

昭和十一年には、二・二六事件が起こりました。首謀者一五人の青年将校、ならびに彼らの精神的バックボーンとなった北一輝《いっき》、西田税《みつぎ》も死刑に処せられました。しかし、これにより軍部強硬派の結束力が強化されて、軍国主義への道は一段と加速度を増していったのです。

日中全面戦争のきっかけとなったのが、昭和十二年七月七日の夜、北京郊外、永定河に架かる盧溝橋《ろこうきょう》のたもとで起こった盧溝橋事件です。対ソ戦を想定して軍事訓練をしていた天津駐留の日本軍一個中隊が、中国軍から実弾射撃を受けたのです。日本政府は、ここでも戦線不拡大の方針を決定しました。

現地では、中国軍が日本軍に遺憾の意を表しました。その後、日中両軍の過度の接近を避けるために、事件の起こった地域には兵を駐屯《ちゅうとん》させないことを約束。この約束を認《したた》めた現地停戦協定が成立、事態は収まったかにみえました。

しかし、現地停戦協定は、成立の直後に中国軍によって破られてしまいました。天津駐屯の日本軍の一班が中国兵から襲撃され、数人が爆殺、さらに、北京広安門を通過する日本の天津駐屯大隊が中国軍によって射撃を受けました。ここで日本軍は、不拡大方針を放擲《ほうてき》せざるをえなくなります。日本軍は、七月二十八日午前八時をもって総攻撃を開始。北京、天津地域から中国軍を追放するための軍事行動に出たのです。

通州事件が起こったのは、翌日の昭和十二年七月二十九日のことでした。親日派の指導者が、国民党政府から離脱して、創設した政権が通州の冀東《きとう》防共自治政府です。しかし、ここにも共産主義思想が浸透し、次第に冀東自治政府軍の軍人の多くが人民戦線運動の影響を受けるようになっていました。

そして、自治政府は親日政府から国民党軍へ寝返り、その結果として起こった悲劇的事件が、通州事件です。通州とは北京の東部に位置する場所の名前です。

自治政府軍が一挙に襲撃を始め、日本兵と居留民に襲いかかり、略奪、暴行、凌辱、殺戮《さつりく》など残虐の限りを尽くして、二百数十人の日本人を殺害。惨たる事件でした。

上海事変が昭和十二年八月に起こります。この上海事変は、国民党軍の先制攻撃から始まりました。日本陸軍の到着以前に上海の日本海軍特別陸戦隊の殲滅《せんめつ》を目論んでの先制攻撃でした。しかし、国民党軍の兵力はいまだ不十分で、航空作戦を敢行した日本軍に勝つことはできません。日本軍は、航空母艦を擁し、航空部隊が爆撃の挙に出たのです。日本軍は戦局を一挙に拡大しながら、中国軍を敗走させました。

上海の次が、国民党政府の首都、南京の攻略でした。日本軍は敗走する国民党軍を追いつめました。国民党軍は南京城に逃げこみ、ここに立てこもったのです。

中支那方面司令官の松井石根《いわね》の指揮下、日本軍は、十二月十一日午後に南京城門に到着。しかし、南京防衛司令官はすでに多数の将卒を引き連れて、城を脱出していました。

日本軍は、歩兵一連隊を中心とする部隊を入城させました。しかし、城内各所に残っていた敗残兵、便衣《べんい》隊（民間人に変装した中国人兵士）の激しい抵抗と反撃に遭遇し、その掃討作戦で、いわゆる南京虐殺が発生したようです。松井司令官を先頭に、同月十七日に入城式が挙行されました。

南京虐殺は、日本軍の残虐性を示す代名詞のごとくに語られています。特に、その虐殺数が問題とされていますが、その数を確定することは現在となっては困難です。

しかし、日清戦争、日露戦争、上海事変のすべての戦局において、日本軍が引き起こしたことのない凄惨な殺戮が、南京城でだけ例外的に起こったとは考えにくいのです。現に南京城入城を前にした十二月五日、蘇州に到着後、病床に伏していた松井司令官は、一般市民はもとより敵軍といえども、抗戦の意志を失った者には「寛容慈悲」の態度で臨むよう、軍紀維持を作戦指令の一つとして出していました。

軍紀が乱れていたのは、国民党軍の方でした。南京入城に先立つ十一月の国民党政府の国防最高会議の決定により、首都を南京から重慶に移すことになっていました。政府の運営に必要な文書などはすでに重慶に移送されていました。

蔣介石自身が、十二月十一日には南京を退出して漢口におりました。国民党軍の軍政部長、参謀総長も漢口へと向かい、南京守護を命じられていたのは南京防衛司令官でしたが、彼もまた日本軍と戦うことなく、将卒ともども南京城を脱出していたのです。指揮官を失って無政府状態に陥った敗残兵が、自暴自棄となって狂気の行動に出、これに応じた日本兵が彼らを殺害したとみられますが、この説明には合理性があろうと思われます。

国民党政府軍の残虐性は、すでに済南事件、なによりも通州事件によって証明されておりました。済南事件、通州事件といえば、日本軍にもその記憶は生々しいものであったにちがいありません。加えて、国民党、共産党、奉天政府などによる、反日的とも侮日《ぶにち》的とも形容される無数の挑発的行動に耐えてきた日本軍人の鬱屈《うつくつ》が、南京城の掃討作戦の過程で放たれた可能性もないとはいえません。

まことに残念ですが、岡崎久彦のいうように、「南京でこういう事件が起った理由は、一言でいえば、戦争では、そのときの環境と雰囲気により、そういうことが起るときもある」ということなのであろう、と私も考えます。

❖石油供給を断って日本の暴発を誘うアメリカ

日本政府は、昭和十二年八月十五日に「中華民国政府断乎膺懲《ようちょう》」の声明を発表しました。上海事変と並行して、北支那方面軍がハルビン省、綏遠《すいえん》省、河北省、山西省、山東省の北支五省を攻略、徐州、広東、さらには武州、漢口、漢陽の三都市からなる武漢三鎮を、昭和十三年（一九三八）の末までに占領するにいたりました。直後、昭和十三年十一月三日、首相近衛文麿《このえふみまろ》は東亜新秩序建設の声明を出し、同年四月一日には、国家総動員法を公布しました。

国民党軍は、日本との戦いのほとんどの局面で敗北をつづけました。それでも、日本が苦戦を強いられたことが何度かあります。昭和十一年十二月に西安事件が起こりました。この事件を契機に、翌年九月二十七日に第二次国共合作が成立。国民党軍は共産党軍の参加を得て、戦力を強化しました。共産党の鼓吹《こすい》する反日・侮日運動の高まりに応じて、日中戦争の舞台は広域化、戦闘も一段と激化していったのです。

第一次国共合作が潰《つい》えた後、蔣介石の基本戦略は、内を固めて後に外に当たるという「安内攘外」でした。内の敵である共産党を掃討し、次いで日本軍と戦うという戦略です。昭和六年七月から二カ月にわたってつづけられた、共産党の革命根拠地の瑞金《ずいきん》に対する国民党軍の攻撃は、苛烈をきわめました。しかし、戦いの途中で満州事変が勃発、国民党軍の掃討作戦は一時中止、毛沢東は瑞金で中華ソヴィエト共和国臨時政府を樹立しました。

蔣介石の「安内攘外」の意志には、なお固いものがありました。昭和八年一月の国民党軍による革命根拠地の包囲作戦により、共産党は翌昭和九年十月には瑞金を放棄して、陝西《せんせい》省の延安までの敗走を余儀なくされたのです。後に「長征」と称されたものが、この敗走です。長征の過程で共産党は、兵の大半を失ってしまいました。窮地を救ったのが、昭和十年七月に開かれた、コミンテルンによる人民戦線戦術の採用勧告でした。

この勧告にしたがって、共産党は同年八月一日に、「抗日救国のために全同胞に告ぐる書」を出しました。共産党は、ただちに国民党政府打倒のスローガンを下ろし、「一致抗日」を国民に呼びかけたのです。

コミンテルンの戦略は、日本軍と国民党軍を戦わせ、両者の疲弊を待って共産党に権力を掌握させるという方式でした。中国共産党はこの方式に忠実にしたがったのです。

国民党は、最後の掃討作戦のために西安に司令部をおき、張学良を副司令官に任じました。北支に侵入して北支分治政策を進める日本に対して、統一人民戦線思想が強い訴求力をもって張学良軍の兵士の中にも、根を張りつつありました。張学良自身も、このころには共産党討伐の意志は薄くなっていたのです。

満州事変以来、原郷の満州を逐《お》われて、関内で転戦する張学良軍の戦意は、希薄化していました。ここで発生したのが、昭和十一年十二月の西安事件です。この事件をもって張学良は一世一代の大立ち回りを演じました。延安で周恩来と密議し、内戦停止、一致抗日のために、麾《き》下《か》の将校に蔣介石を逮捕、監禁させ、要求を飲ませたのです。

蔣介石の逮捕、監禁に対しては中国内で強い張学良非難が湧き起こり、彼は苦境に陥りました。しかし、周恩来、葉剣英などが西安に赴き、蔣介石と合議し、張学良も蔣介石の解放に同意せざるをえなかったのです。蔣介石は十二月二十五日に西安を発って南京に帰還。蔣介石と共産党との合議内容は、いまなおつまびらかではありません。内戦停止、一致抗日が合議の基本であったことは十分に想像されます。それがゆえにこそ、第二次国共合作が成立、十年間にわたった国共内戦がここに終焉、日本への抵抗が以降、一段と顕著となっていったのです。

日本は、広大な中国大陸を、第二次国共合作もなって、いよいよ戦意昂揚しつつあった国民党軍と対峙《たいじ》しながら占領をつづけ、さらに戦線を拡大していったのです。どう考えても無理がありました。日本政府の中からも、和平交渉がしばしば提起されましたが、「暴支膺懲」を煽《あお》り立てるマスコミ、これに応じて昂揚する世論にはまことに騒々しいものがありました。

中国各地をいかに占領し、いかに支配運営するかに関する方針は、日本政府にも次第に不鮮明なものとなっていたのです。中国に駐留する日本軍も、優位性をもってただ占領地を広げていくだけでした。

日本の二十数倍の広大な国土をもち、「支那四億」の民が住まう巨大な中国の中で局部での「孤独な勝利」を点々とつづける、というのが日本軍の実態だったのです。日本は中国大陸の中心部の泥沼に足をとられて、みずから向かうべき方途は、はなはだ不分明になっていました。昭和十三年十一月、日本は東亜新秩序建設に関する近衛声明を出したのですが、この声明に対して、蔣介石は「中国を併呑《へいどん》し東亜に覇《は》を唱えるもの」として激しく非難しました。

近衛声明がアメリカに与えた衝撃には、大きなものがありました。アメリカは、支那事変をワシントン体制に対する日本の公然たる挑戦だと捉えたのです。明治時代を通じての悲願であった関税自主権を掌中にして、明治四十四年（一九一一）に結ばれた日米新通商条約が、昭和十四年七月に、アメリカによって一方的に破棄されました。日本の輸入総額に占めるアメリカの比率は、当時、四〇パーセントを超えていたのです。日本にとってこれがいかに大きな痛手であったかは容易に想像できましょう。

日英間にも緊張が走りました。イギリスの対日経済制裁は、アメリカよりはやく昭和十四年一月に開始されました。「モラル・エンバーゴー」と称される軍需品の禁輸、つづいて二月には、貿易信用状の発行が停止されました。他方、国民党政府が首都を南京から重慶に移したころより、英米はもとより、これに仏ソ蘭を加えた五カ国が積極的な対中軍事援助を開始しました。日本軍が天津、上海などの沿海部を封鎖していたために、五カ国の軍事援助は仏領インドシナやビルマなどから重慶へとつながる、いわゆる「援蔣ルート」を通じてなされました。

日本を追い込む最大の手段として、対日石油輸出禁止がついに発動されるようになったのです。石油輸入のために、日本はインドネシアを領有するオランダとの交渉に入ろうとしました。しかし、これは拒否されました。日本は、石油をはじめとする資源の輸入先を求めて、東南アジアへの進出を余儀なくされたのです。日本の東南アジア進出は、ここを植民地として領有する列強との対決を避けられないものとします。

昭和十六年七月の日本軍の南部仏領インドシナ進駐がアメリカを鋭く刺激し、在米日本資産を凍結、資産凍結にはイギリス、オランダも追随しました。八月に入ると、アメリカは石油の全面禁輸措置を日本に通告してきました。

前年の昭和十五年九月に、日本は日独伊三国同盟に調印、アジアにおける苦境からの脱出を図ろうとしたのですが、これが英米と日本との対決を決定的なものとしてしまいました。翌昭和十六年四月に、日ソ中立条約がモスクワで締結。しかし、これもソ連により一方的に破棄され、日本は絶望的な国際的孤立状態に陥ったのです。

ハル・ノートを突きつけられ、日本はこれをアメリカの最後通牒《つうちょう》として、ハワイ真珠湾攻撃に打って出たのです。ハル・ノートとは、アメリカの国務長官コーデル・ハルによる、日本軍の中国、仏領インドシナからの全面撤退、日本は国民党政府以外のいかなる政権をも認めてはならない、といった内容の書簡です。日本の過去のすべての外交的・軍事的成果を否認する最後通牒でした。

ハワイ真珠湾攻撃に始まる緒戦の戦果は著しいものでしたが、やがて連合国軍の圧倒的な軍事力により、総合力において劣る日本軍は次第に追いつめられ、敗走をつづけました。全面降伏は時間の問題となったのです。

第13講

暗雲の時代の中の拓殖大学

❖後藤新平の逝去、永田秀次郎の学長就任

拓殖大学は、大正十一年（一九二二）六月、大学令にもとづき大学に昇格し、東洋協会大学と改称されました。しかし、東洋協会大学では、「開拓殖産」あるいは「開拓殖民」という大学の本来の目的が不鮮明なのではないか、という声が大学内外から起こりました。この声を受けて、大正十五年十二月に、校名を改めて拓殖大学としたのです。この年の入学生は、前年の二二二名から四八二名へと急増、「拓殖」に対する世の関心が、いやがうえにも高まったことの反映です。

大正期から昭和初期にかけての、拓殖大学拡充の大仕事にリーダーシップを発揮したのが、後藤新平です。大学令による大学への昇格、供託金の確保、専門部ならびに予科の設置、予科校舎や図書館の建設のすべてに、後藤は深く関わりました。

他方、政界においても後藤はますます多忙であり、「政治の倫理化」運動では全国を遊説しつづけ、その間に日本連合少年団（ボーイスカウト）や東京放送局（ＮＨＫ）の創成にも力を注ぎました。

最大の仕事は、ロシア革命と日本のシベリア出兵により断絶していた国交の回復のために、訪露、ロシアとの交渉に臨んだことです。漁業交渉問題などでは譲歩を得ることができたので

すが、満州における日ソ協商や日ソ中協商では、そう簡単にロシアからの譲歩を引き出すことはできませんでした。とはいえ、イデオロギーや政治システムのちがいをも乗り越えて、国交を回復して国益を守ろうとする、現実主義的な大政治家の一面をここにみることができます。

後藤は、昭和四年（一九二九）四月十四日に逝去。当時、学監として後藤を支えてきたのは、永田秀次郎《ひでじろう》でした。永田は、広田弘毅《こうき》内閣の拓務大臣、鉄道大臣を務めた政治家でもありました。逝去の三日後、後藤は青山墓地に埋葬されました。俳人としても名をなした永田は、追悼文の中で、〝花吹雪 日本淋しくなりにけり〟と詠《よ》んで、さらに次のように語っています。

「折から満開の桜が吹雪の如《ごと》く散り布《し》く土を、掘る一鍬毎《いちくわごと》に燃ゆる陽炎《かげろう》の中に立ち尽くした私は、腸《はらわた》を断つ思ひの涙の裡《うち》にも又何となく之が故人の最後に最もふさはしく華々しき光景であるかの心地がして、花よ、散れ散れ、もっと散れ、今日の一日に散り尽くせ、といら立つ気分に空を睨《にら》んで居たのであった」

後藤の後を襲って拓殖大学の第四代学長になったのが、この永田秀次郎でした。永田は昭和四年（一九二九）五月に就任、昭和十八年九月に没するまで学長を長期にわたって務めました。この間は、日本が中国問題といううきわだって難しい課題に立ち向かっていた時代でした。最終的には欧米列強と袂《たもと》を分かって、第二次大戦に突き進んでいく大戦争の序盤でした。この苦窮の時期に、永田は大学の運営に励んだのです。国家の方針にしたがって大学も転変を余儀なくされ、時に時代に翻弄《ほんろう》されつつも、大学を守り抜いた永田の功績には、大きなものがありました。

四分五裂の中国の国内状況に振り回されていた日本人には、中国人に対する侮蔑《ぶべつ》的な世論があらわれ、ジャーナリズムもその風潮を煽《あお》っていました。しかし、永田はそういう言動は拓殖大学の伝統にまったく違背《いはい》するものだ、日本人は日本人の都合だけでことを決めてはならない、現地には現地の事情、現地には現地の宗教、言語、風俗、習慣があるのだから、これを尊重しながら、現地の「拓殖」に精を出すべきだという、桂太郎、後藤新平、新渡戸稲造から引き継いだ拓殖大学の精神をなお追求すべきことを、あくことなく学生に語り継いだのです。昭和十年四月の入学式における学長訓辞で、永田はこう述べています。

「従来の歴史より本学は海外雄飛のものが非常に多い。この際日本人は動《やや》もすれば西洋人に諂《へつら》ひ、支那人等には尊大な感をもつことがあるが、かゝる同色人に対してこの態度で出ることは宜《よろ》しくない。別して本学に於ては然《しか》りである。又日本人の物差しで外国人を直接に量らないで、言語風俗習慣の異なる彼らに対してはよくこの事情を考慮して、事実上認識に対して誤つた判断を下さないやうにすべきである。……尚、最後に日本の国際的地位如何《いかん》、特に満州国に対する真の認識を考へ誤つてはならない。現下の欧米諸国の情勢を見て以後偉大なる日本の国民性を発揮しなければならない」

この時期、拓殖大学卒業以来、一貫してその教員として、また中国文学の研究者として献身的な働きをした人物が宮原民平です。拓殖大学における宮原の功績には絶大なものがあったことは先に述べました。

大陸問題で風雲急を告げる中にあって、日本はいかにアジアの現実と向き合うべきか。このことを徹底して研究しなければ、新天地の拓殖は思うにまかせない。宮原のこの信念に背を押されながら、拓殖大学の学究は、困難な時代にあって、地域研究に厖大《ぼうだい》なエネルギーを注いだのです。

商学は拓殖大学の大看板でした。簿記、会計といった科目の修得は、外地での公的な仕事であれ民間の仕事であれ、不可欠のものでした。この実務的分野とならんで、外国に住まい異文化と交流するための手段としての外国語教育に、拓殖大学は長く深い伝統を擁してきました。商学と語学を併せもっていることが拓殖大学の「学統」です。昭和前期にあって、拓殖大学の、商学と語学をベースとした実践的な地域研究は途切れることなくつづけられました。

宮原とならんで拓殖大学の地域研究を担ったのが、満川亀太郎です。後藤新平が、昭和二年(一九二七)、日露協力により満州問題を解決したいという野心をもって訪露したことについてはすでに述べました。後藤の交渉のために会ったソ連側の外交における最高実力者がレフ・カラハンですが、カラハンへの後藤の提案の骨子案をつくったのは、実は満川でした。満川は、中国、満州、インドなど、アジアの情勢に通暁《つうぎょう》する、浩瀚《こうかん》な知識の持ち主でした。後藤新平の日ソ交渉の筋書きまでを満川が書いたというのですから、その地域研究が政治交渉のいかんを左右するほどの実効性をもっていたということができます。

❖戦時教育体制へ

満州事変、満州国建国を経て日本は中国問題という難題にはまり込み、これを通じて欧米列強との確執が強まっていきました。次第に日本全体が戦時体制を整え、教育界もまた戦時教育体制を強化していったのです。昭和十二年（一九三七）十二月、第一次近衛内閣は、「満州事変後における内外諸情の著しい進展に基づいて、教育の制度・内容に関する刷新振興の方策を審議するという重大な使命をもって」教育審議会を設置しました。この審議会に提出した多くの答申が、昭和二十年の敗戦までの教育方針の基調となったのです。

拓殖大学もこの時代の要請に応じざるをえませんでした。昭和十二年一月、永田秀次郎学長の要請により、当時、満州移住協会を創設、その理事長を務めていた大蔵公望《おおくらきんもち》が学長代理相当の専務理事として任命されました。満州事変後、満州移住は当時の日本を覆う一大ブームだったのです。このブームを反映して、拓殖大学入学者も、収容しきれなくなるほどに増加しました。東京郊外の小平《こだいら》に予科校舎が移転されたのも、その理由からです。

満州移民は、広田弘毅内閣が昭和十一年（一九三六）に「満州移住計画」を決議したころから急増します。昭和十三年から昭和十六年までの間に、二〇万人の農業青年、二万人の家族が送り出されました。

一九二九年にアメリカで起こった大不況が、一挙に世界を巻きこんで、世界恐慌となりました。日本も、もちろん例外ではありません。昭和五年から翌年にかけて、日本経済は危機的状況に陥りました。戦前期の日本において、最も激しい不況です。後に昭和恐慌と呼ばれたものがそれです。農村、特に東北地方の農民にとっては、生死を賭《か》けるほどの事態でした。満州という無尽蔵の沃野《よくや》が、その実体以上に、当時の日本人の心を捉えていったのには、こういう背景もあったのです。

昭和十三年十二月、時代の要請を受けて、大蔵公望のリーダーシップの下、拓殖大学専門部は、商科、開拓科、武徳科の三科からなる編成となりました。実際のカリキュラムをみてみますと、商科に加えて開拓科と武徳科の二つを増設し、旧来の科目を三科に編成し直したとみる方が現実に近いようです。しかし、開拓科と武徳科は卒業後に就《つ》くべき赴任地を「満州国及び支那大陸」とし、職務を「満州農業移民、満蒙開拓少年義勇軍の指導者」と特定しています。

昭和十四年五月になりますと、文部省は「興亜青年勤労報国隊」を「北支及び満州」に派遣するので、各大学もこの派遣隊に加わるよう要請を出しました。拓殖大学もこれに応じて、教員一人、学生一〇人を派遣団員として派遣。この報国隊に参加した学生で、後に拓殖大学副学長を務める市古尚三は、この時の経験を振り返って、日本が満州で展開していることには無理があるといった感じを、後日、率直に吐露しています。

「昭和十四年（一九三九）、学部一年の時に文部省の派遣（学生は小銃、帯剣の武装。同行の教員、教官は帯刀の装備）で中国大陸に二カ月行きましたが、向こうで日本がやっている植民地政策に非常に失望して帰ってきました。侵略ではないかと思いました（当時はそんな言葉は口にできない時世）。……北京と天津と保定。天津では洪水に遭《あ》い、ほうほうの態《てい》で帰ることになりました。私はその洪水を見てはじめて、こういう中国の自然環境の中で治水をやったら、これはもう天下を取るどころではない。天がやることを代《かわ》って治めたのだから、皇帝になるのは当たり前だと感じました。日本の植民地政策に失望すると同時に、中国の歴史の広大さには感動しました」

昭和も十六年に入るころから、戦時体制化は拓殖大学にも急速に押し寄せてきました。同年十月には、「大学学部等ノ在学年限又ハ修業年限ノ臨時短縮ニ関スル件」が公布されました。修業年限が短縮され、学徒勤労動員が恒常化しました。そして、同年三月の学徒出陣にいたります。

昭和十六年といえば、その年の十二月に日本海軍がハワイ真珠湾を攻撃、日米開戦となった年です。ABCDライン（アメリカ：A、イギリス：B、中国：C、オランダ：D）を敷かれて、日本への資源供給が断たれます。日本は資源確保を求めてやむなく東南アジアに進出、これに強い嫌悪感をつのらせたのが、アメリカです。日米交渉は進展せず、日米開戦へと事態は突き進んでいきました。真珠湾攻撃の報に接した、学生主事の相沢小寿は、次のように語っています。

「昭和十六年十二月八日、早朝のラジオが突如〝日本海軍真珠湾を攻撃せり〟と伝えた。九時に全学生が校庭に集合して訓示を受けることになっているのに、永田先生は〝僕は用があるから行けない〟と仰言《おつしや》る。どうしても〝否〟である。宮原先生に御願いした処《ところ》、これまた首を横にふられる。永田学長も、宮原学監も米国との戦争には絶対反対だったのである」

永田秀次郎学長も宮原民平学監も、「興亜主義」者をもって自認していたものの、日米開戦がその帰結となることを望んではおりませんでした。真珠湾攻撃は、二人の想像を大きく超える衝撃的なできごとだったのです。

昭和十八年十月には、「教育ニ関スル戦時非常措置法案」が閣議決定されました。学生の徴兵猶予は停止。二十歳の徴兵年齢に達した文系学生は、十二月に陸海軍に入隊することになったのです。

昭和十九年になると、徴兵年齢は十九歳に引き下げられました。

❖国運を担って戦地に赴く学生たち

間もなく入営し出陣する学生を前に、出陣は致し方なしとしつつも、拓殖大学の出身者である以上、せめて次のことには心せよと、宮原民平は学監としての言葉を与えています。

「日本人を尊敬させる為には先《ま》ずもつて諸君が海外に行つて自分を尊敬させることを考へよ。尊敬させようとするには相当その土地の住民に対してわれわれは心使ひをしなければならぬ。絶へず心を使つて、先ずもつて自分を尊敬させる。それが即ち日本人を尊敬させる所以《ゆえん》である。諸君は如何《いか》なる土地へ行かれても、人をして自分を尊敬させる、させなくてはならぬといふ積りで、善行も態度も常にその心境を忘れないやうに御願い致します」

日露戦争時、九六名の従軍通訳の学生や卒業生が出征、拓殖大学の存在を世に知らしめました。同じように、昭和三年の済南事件に際しては、二二名の在学生が、また昭和十二年に始まる支那事変にはこれを上回る学生が、在籍のままで中国語通訳として従軍しました。対米開戦後は、マレー語、オランダ語を専修する学生が、南太平洋諸国に出征したという記録があります。

盧溝橋事件を経て支那事変勃発の報を聞き、通訳としての出征を申し出た、後の理事長椋木《むくのき》瑳磨太《さまた》は、当時の拓殖大学生の心根を次のように回想しています。

「昭和十二年七月、戦火は遂に飛んで、支那事変の勃発となったが、邦家《ほうか》の急にこれを座視し得ざる学友は、全国各地に進出し、抗日支那の実態を説いて国民の惰眠《だみん》を醒《さ》まし或《ある》いはペンを措《お》いて従軍通訳官に志願し、戎衣《じゅうい》をまとうて戦野に奔馳《ほんち》した」

昭和十二年八月、上海事件が起こると、第一陣として通訳官の任務に当たった学生は全国から五〇名ほどでしたが、その八割が拓殖大学の学生でした。このことが、当時、新聞で報道されました。ここで二人の学生が犠牲となり、この悲報を河北の陣中で伝え聞いた椋木は、弔歌として、

この花のほかに花なし綿の花
斃《たお》れし戦友《とも》に手折《たお》り捧げん

と詠んでいます。

インドネシア独立を夢みる拓殖大学卒業生

インドネシア独立の夢を胸に、拓殖大学でインドネシア語の履修に懸命に努めた卒業生がいます。若林光也です。若林は在学中、アジア諸国を列強の抑圧から解放し、「世界維新」を実

現しようという、大アジア主義者の研鑽グループ「スメラ塾」に所属、インドネシア独立にみずからの青春を賭けようと、胸を膨《ふく》らませていました。同志がともども大阪に結集、ジャワ派遣軍司令部宣伝班に所属することになりました。この宣伝班は、大宅壮一《おおやそういち》、武田麟太郎《りんたろう》など、当時、第一級の文壇人や評論家を擁した有数の結社でした。

若林は、台湾の基隆《キールン》、高雄を経て、バタビア（ジャカルタの旧名）に到着。特別青年訓練所に五十数名のインドネシアの青年を集めて、政治教育に励みました。後日、当時を回想して若林は、次のように語っています。

「私は彼らに対し、黒板に常に世界地図を描き、欧米植民地政策を語り、有色民族を促し、白人優越主義の世界、世界金融体制の矛盾を突き、欧米の支配を断ち切り、民族が自立することを求めた。さらに日本の明治維新を語り、民族のエネルギーが爆発するとき、中核となって民族の先頭を走るのは青年であることを訴え、戦いこそ民族を救う唯一の道であること、独立戦争という民族の血を代償としない限り、民族の繁栄はありえないことを切々と説いた」

この特別青年訓練所は、後にインドネシア独立の闘士を輩出する青年道場に発展します。青年道場は、実は、拓殖大学の卒業生の柳川宗成《もとしげ》によって創られたものでした。柳川は、昭和十二年に拓殖大学を卒業。陸軍中野学校を経て、昭和十六年一月に出征、西部ジャワに上陸。オランダ軍の情報収集と後方攪乱のためにボゴールに向かいました。敵から身をかくまってくれたインドネシア人家族の老婆から、ジョヨボヨ伝説について聞かされ、これこそがみずからの任務だと改めて諭《さと》らされたというのです。ジョヨボヨ伝説というのは、〝いずれインドネシアの東方から黄色人がやってきて白人による抑圧から自分たちを救済してくれる日がくる〟というものだそうです。

日本軍がオランダ軍を追放、日本軍制が開始されました。柳川は、インドネシア特殊要員養成隊の編成準備の任を日本軍より与えられます。昭和十八年一月に養成隊の発足に漕《こ》ぎつけ、西部ジャワのタンゲランで五〇名のインドネシア青年の訓練に取り組みました。青年道場と通称されました。独立後、インドネシアの初代大統領となったスカルノも、青年道場で訓練を受けた一人でした。

十月にはペタ（ＰＥＴＡ）と呼ばれるジャワ防衛義勇軍が編成され、柳川はその中隊長として、西部ジャワ出身の二〇〇名の青年の教育を引き受けました。同義勇軍の幹部教育隊が発足すると、今度はその幹部要員七〇〇余名の教育、訓練の陣頭指揮を執りました。この幹部が中心勢力となって、ジャワのそこここでオランダ軍へのゲリラ戦を展開したのです。

昭和二十年八月十七日、インドネシア独立宣言が出されたことを知り、人生最高の幸せを感得した、と柳川は述懐しています。柳川は、スカルノを中心に形成されたインドネシア独立軍に参加するよう再三の要請を受けたのですが、決然、これを拒否しました。その理由を柳川は、後日、次のように語っています。

「独立は自分でするものだ。自分の血を流し、自分で闘ってこそ、インドネシアの独立の意義と価値があるんだ。今おれが動けば、事はおれ一人ではすまなくなる。そうなれば、かえって独立軍にも日本軍にも迷惑がかかる。おれの心は、若いインドネシア人の心の中に生きている。これは不滅のものだと信ずる」

みごとな対応といわざるをえません。独立の果実を手にするのは、自分ではなく、君たちインドネシア人自身なのだという義侠《ぎきょう》の精神を、この語りの中にみることができます。

柳川は、昭和二十二年四月、最後の復員船で帰還。しかし、インドネシアへの思い断ち難く家族を帯同して、昭和三十五年にインドネシアに移住、昭和六十年十月逝去。当時のスハルト大統領からの供花がありました。インドネシア人在郷軍人会は英雄墓地での墓碑建設を薦めたものの、柳川の遺族はこれを辞退しました。〝英雄墓地は独立戦争を戦い抜いたインドネシア人の休息の園であり、私が入るところではない〟という柳川宗成の遺言を守ってそうしたのだ、と遺族が語っています。

❖学徒出陣——大塚駅前・海ゆかば

昭和十八年十月には、学徒出陣のための徴兵検査が実施され、陸軍には同年二月、海軍には十二月に入隊が決まりました。同年十月二十一日には、出陣学徒壮行会が、雨降る明治神宮外苑競技場で、この壮行会の前日の二十日には、拓殖大学独自の出陣式が茗荷谷《みようがだに》キャンパスで開かれています。この時の様子を、久保正明は胸迫る思いで次のように語っています。

「式は終了したが、送るもの送られるもの、誰も解散しようとしない。この両者の間には一瞬いいしれぬ感動が湧き上がった。期せずして〝海ゆかば〟の斉唱が紅葉が丘をおしつつむように拡がっていった。校旗を先頭に通用門を抜けて窪町電停前（かつての都電教育大学前、拓殖大学前）に向かって進み始める。紅健歌が先頭あたりから湧き上がる。二拍子おくれて隊列の最後尾がうたう。……全員が大塚駅前広場に来ると校旗を中心に円陣が組まれ、何時までも再び相まみえることのないかも知れない感動を胸に秘めて歌い且《か》つ躍った。漸《ようや》くつるべ落しの秋の陽が、駅の向うにひろがる武蔵野の一角におち込む頃、学生達は潔く別れて行った」

拓殖大学の学徒出陣者数は、学部八〇六名、予科一六五名、専門部二九二名の計一二六三名でした。出陣後に満州に向かい、関東軍の一中隊に配属された学生に、若槻秀雄がいます。昭和二十年八月十二日、ソ満国境へ南下してきたソ連軍戦車軍団に、銃剣と手榴弾、爆雷を抱えて体当たりで挑み、戦死したと伝えられます。若槻の父上は、昭和六十三年にその事情について大学に寄稿文を送付、そこには次のように認《したた》められております。

「伜《せがれ》は母校拓大は殊の外気に入ったようで、私の弟に男子出生の際、赤ん坊を抱き上げ、此奴《こやつ》は拓大に入れるんだと申したことを覚えております。……出征に際して母校の名誉の為《た》めに存分に働くと心中期するところがあった様子ですが、君国《くんこく》に殉《じゅん》ずることを得て本懐であったと存じます」

父子ともどもに悲劇の時代を潔く生きていたことが、この短い書信の中に浮かびあがっています。

第二次大戦末期になりますと、日米の戦局は日本軍に一方的に不利な状況となりました。ここで編み出されたのが、世界戦争史上他に例をみない、神風特別攻撃隊です。特攻隊による戦死者は陸海軍で五八一八名と記録されています。この中に一八名の拓殖大学生の名前をみつけることができます。その中の一人に、神島《かみしま》和則がいます。

彼が拓殖大学の特攻隊の第一号だったようです。フィリピンのミンドロ島海域で、アメリカ軍の戦車揚陸艦に特攻隊の一員として激突、散華《さんげ》しました。

同じく、フィリピン島の海域での戦いに特攻隊員として参加、アメリカ艦船に突入、戦死した学生に土屋浩がいます。白鷗遺族会編の『雲流るる果てに 戦没海軍飛行予備学生の手記』の中に、出撃の直前、土屋が母上に出した手紙が収録されています。

「文二兄さんの入隊による母上のお喜び、さぞたいへんなものだったことと思います。兄弟四人、皇国《こうこく》に生を享《う》けし感激に応え奉《たてまつ》るべく、大いに奮闘いたす日もさほど遠くないこととなれば、私はこの日をただただ楽しみにいたしております。……同封の桜花、母上の真心のこもるものだけに心より嬉しく思いました。……私もこの桜花のごとくありたいとは、学生時代より常日頃思っていただけに、今、家の庭の桜花を手に、感慨一入《ひとしお》なるものがあります。……今度家族一同に会す日は、いつのことでありますやら、兄弟四人美酒酌《く》み交《か》わすことも、もはやないと思います。しかし私達は常に偉大なる父上、母上の心の中に生きているのですから、今さらなんの未練もありませんが――。千葉の祖父様も御元気とのこと何よりです。母上もどうか体にだけは注意なされて元気に御送日下さい。また暇をみつけて御様子いたします」

諸君も、「回天」という人間魚雷のことを聞いたことがあるかもしれません。全長一五メートルほど、前部に爆薬一・六トンを装着、中央部の操縦席には、搭乗員一人分だけのスペースしかありません。上部に潜望鏡、ハッチは内部からは開けられない構造となっています。時速三〇ノット、航続距離二三キロメートル。靖国神社の遊就館に、同型のものが展示されています。

石田敏雄は、敵艦隊攻撃のために回天を載せた潜水艦に乗り、硫黄島海域に向かったのですが、この潜水艦がアメリカ軍の飛行機により発見、攻撃され潜水艦ともども海底に沈められました。遊就館には、石田の「魂」という、いかにも強い意志のこめられた辞世の書が掲げられています。

❖卒業生たちの台湾、朝鮮、そして満州

後藤新平が台湾総督府民政長官として赴任以来、明治末年から大正期を通じ、台湾の開発と近代化は急ピッチで進められました。鉄道の延長、港湾と海運の拡充、道路交通網と上下水道の整備、電力供給の強化、電気通信網の充実、ラジオ放送や新聞の全島普及などです。列強支配下のアジアのいずれの地域でも、台湾ほどのスピードで近代化が進められたところは他に例をみません。

台湾の農業の発展はめざましく、農産品の市場は島内と日本はもとより、対岸の福建省、広東省などの華南地域、東南アジア、あるものは欧米にまで及んでいました。生産性と品質レベルの向上が図られた結果です。

米穀、砂糖が中心の「米糖経済」台湾の地位は、揺るぎないものとなりました。米糖に、樟脳《しょうのう》、茶などが加わります。磯永吉の苦心が実って生まれた改良品種「蓬萊米」は、日本の市場で販売網を広げ、東京、大阪の米穀市場での評価には、大変に高いものがありました。樟脳は、無煙火薬、セルロイドの原料として、世界市場でも一、二を争うほどの販売量を誇りました。台湾のバナナ、パイナップル、柑橘《かんきつ》類は、おいしい果物の代名詞ともなりました。

公衆衛生、公衆道徳、時間厳守、契約履行の観念の確立など、この時代にあってはほとんど

例外的ともいえる近代性を、台湾は身につけたのです。

台湾協会学校として創立以来、卒業生のきわめて多くが、この台湾の地で働きました。昭和期に入るころ、確認できる拓殖大学卒業生は八〇名をゆうに超します。この時代に、台湾近代化のために献身した二人の人物について語ってみましょう。一人は、明治四十年（一九〇七）に東洋協会専門学校を首席で卒業し、卒業式の総代となった桑原政夫です。卒業と同時に台湾総督府通信局に配属。桑原の実績の中で顕著なのは、台湾の地方行政官として各地の統治の責任者を務めたことです。そうした実績の積み上げを経て台南市助役、次いで台湾最大の港湾都市の基隆市長となりました。

当時の基隆市の人口は、日本人二万人を含む八万人を超える台湾で有数の近代的な都市でした。首都の台北には鉄道で一時間足らずの、海の玄関口です。神戸や門司への直行便の起点であり、アモイ、福州、上海、香港、東南アジアまで延びる海上交通の要衝《ようしょう》でした。

日本の海軍艦隊が寄港する国防の拠点でもありました。桑原は、行政事務や各種式典への参加はもとより、台湾の玄関である基隆港には皇族や政府要人などがしきりに上陸、さらには日本海軍、イギリス艦隊やフランス艦隊の入出港に際しての儀典などに、多忙をきわめました。桑原は、精魂込めてこれらに取り組み、台湾住民や台湾居留日本人の深い尊敬を集めたのです。

もう一人は、大正二年（一九一三）に、東洋協会専門学校を卒業、ただちに台湾総督府の殖産局に配属、総督府産業組合の創設事業に参画した人物、貝山好美です。産業組合は小規模事業者に対する金融、その他のさまざまな助成策を講じるための組織です。創立以来、貝山は台湾産業組合の業務に関係する職場を転じつつ、地域振興に情熱を注ぎました。この活動を通じて、台湾住民との間に、厚い信頼関係を築いたのです。

蓬萊米の市場取引を順調に進めるために、銘柄、格付等級の設定、公定価格の決定などに深くかかわりました。次いで貝山は、台湾バナナの輸出市場の拡大にも辣腕《らつわん》を振るいました。貝山の名前が台湾で広く知られることになるできごとが、昭和七年（一九三二）に起こりました。

この年、日本国内は大豊作になり、日本に移送する台湾米の価格下落が農民を苦しめたのです。当時、台湾正米市場常務理事の要職にあった貝山は、ここで台湾農民のために奮闘を始めました。「米穀問題は台湾統治の根幹であり、移入問題は統治を危うくする」というのが貝山の信念でした。貝山の言動は、新聞紙上で大きく扱われ、台湾農民の信頼を厚くしていったのです。

貝山は、昭和二十一年、家族ともども日本に引き揚げ、埼玉県引揚同胞厚生会の会長としての仕事を成し遂げました。浦和市市議会議員となり、昭和二十五年に死去。拓殖大学の台湾在住者の中心的存在であった父親をみて育った長男の貝山智美は、昭和二十二年に拓殖大学に入学しました。

　拓殖大学卒業生が朝鮮で担った最も重要な仕事が、貧農に小規模資金を融資して彼らの増産誘因をつくり出すための組織、朝鮮金融組合の理事職でした。昭和十二年（一九三七）から昭和十五年（一九四〇）までの朝鮮金融組合の、日本人理事の、日本の大学別出身者を記した資料があります。

　現在の大学名でいいますと、拓殖大学一二二名、早稲田大学三三名、明治大学二四名、日本大学二一名、慶應義塾大学一五名、京都大学一三名、中央大学一一名、東京大学九名、同志社大学六名、関西大学五名、法政大学四名、立教大学三名、兵庫県立大学（旧・神戸商科大学）三名、九州大学二名となっています。拓殖大学のプレゼンスが如実にわかります。

　満州国の建国は、昭和七年（一九三二）三月。首都は新京、現在の遼寧省の長春市です。満州開拓とともに新京の首都機能が充実しました。ビジネスマン、軍属など、新京に在住する日本人や、日本と新京を往復する人々で賑《にぎ》わいを増しました。

　この時期、拓殖大学は、卒業生の満州進出の一つの拠点とするために、経営新京講習所ならびに新京研究室を設置しました。学則によりますと、講習所は、「満州人及び日本人に満州に於て各種の業務に従事するに必要な語学及び其《そ》の他の学科を教授するを以《もっ》て目的」とし、また研究室は、「拓殖大学卒業生にして満州事情及び語学を研究せんとする者を収容し其の指導をなすを以て目的」とするとされています。

当時の日本は、国際連盟脱退を余儀なくされ、孤立を深めていました。それゆえ、新しいフロンティア満州を、他の列強の植民地にはない「王道楽土、五族協和」の地として自力で開発しようという気運が高まっていました。そのためには、満州の建設に必要な人材を確保し、次代の満州を担う若者の養成が必須の条件でした。

まずは、「満州産業建設学徒研究団」が派遣されました。政府は、参加者を全国の大学や専門学校に割り当てました。団員は七七名、団長には拓殖大学学長の永田秀次郎、拓殖大学からの参加学生数は一二名でした。この一カ月余にわたる拓殖大学生の満州全土の踏査は、非常に印象の深いものであったらしいのです。事実、卒業後、参加学生一二名の就職先は、満鉄、ハルビン鉄路総局、満州興業銀行、奉天取引所、満州国協和会、満州炭鉱会社などでした。

満州国政府も、建国以来の努力が実って、立法院、国務院、法院、監察院の四院からなる組織として整えられました。この四院に勤務した拓殖大学の卒業生のうち、確認できる者の数は七〇名に及んでいます。

また、朝鮮金融組合をモデルにして、満州にもこの種の金融組合を設置すべきだという声が卒業生から起こりました。満州でも地主による高い小作料や重税に苦しむ貧農がきわめて多かったからです。昭和十八年（一九四三）八月には、満州国政府の全額出資による金融特殊法人興農金庫が設置され、満州版の金融組合が次第に広がりをみせ始めたのです。この金融合作社に勤務した拓殖大学の卒業生は、三〇名と確認されています。

「草の根」の地道な仕事をこつこつと重ねて、現地の人々の信頼を得ながら仕事に励むというのが、拓殖大学の卒業生の一つの大きな特色です。しかも、その仕事を、台湾、朝鮮、満州の三つの地域相互の間で、懸命にこなしてきたことに、拓殖大学卒業生の特筆すべき特徴があります。卒業生が張りめぐらせた人的ネットワークがこれに貢献したのです。

明治四十三年（一九一〇）に卒業して、台湾、朝鮮、満州での仕事をさまざまに展開してきた人物に、吉林日満商工会議所初代理事長となった鈴木啓太がおります。鈴木は、卒業と同時に台湾総督府に赴任したものの、体調を崩して東京にもどり、しばらく大蔵省に勤務しました。その後、満州東亜煙草株式会社に勤め、その長春支店長になりました。後に、朝鮮銀行に移って平壌支店、次いで旅順支店、さらには同銀行系の大連銀行沙河支店長、奉天支店長となりました。

満州銀行が成立するとその鞍山支店の初代支店長、さらに吉林支店長に赴任、吉林市居留民会商工会議所の初代会長になります。拓殖大学関係者の厚い信頼と支援があって、鈴木はこれらの仕事を勤めあげたのです。昭和九年に吉林日満商工協会が設置されると、その初代理事にも推挙されました。当時の拓殖大学卒業生が台湾、朝鮮、満州の全域に、広く深いネットワークを擁していたことを、鈴木の人生は象徴しているように思われます。

外地に雄飛していた拓殖大学の卒業生にとって、母国日本の敗戦は、痛恨のきわみでした。現地への思い断ち難く、しかし、敗戦によって彼《か》の地にとどまるすべはなくなってしまったのです。さまざまな引き揚げのドラマがありましたが、多くは記すに涙を禁じえません。

❖東京大空襲によるキャンパス崩壊

昭和二十年五月二十五日の東京大空襲により、茗荷谷キャンパスの建物はほぼ壊滅状態となりました。同日、午後十時三十分に空襲警報のサイレンが鳴り響き、新宿方面より爆撃が開始され、高田馬場、江戸川橋、小日向台へと、次々に焼夷弾が落下。拓殖大学の象徴的な建造物である恩賜記念講堂が燃えあがりました。校庭に避難してきた近隣住民でごったがえす、その眼前で記念講堂が炎上、崩落しました。

キャンパスのことが心配で集まってきた学生たちは、炎上する記念講堂をみあげながら校歌を斉唱、無念の気持ちを露《あらわ》にしたと伝えられます。

昭和十六年に拓殖大学を卒業、宮原民平の助手を務め、後に拓殖大学副学長になる市古尚三は、見習い士官として浜松の航空隊で終戦を迎え、昭和二十年十月に上京。焼け野原となった拓殖大学のキャンパスの姿を眺めて、次のような痛惜の感懐をもらしています。

東京大空襲で焼け落ちた恩賜記念講堂

「昭和二十年八月十五日の日本国の敗戦によって、日本帝国の国運と共に我が拓殖大学も曾《か》ってない悲運に見舞われることになった。と言うのは、この終戦によって拓殖大学の養育指標である海外雄飛の希望は跡形もなく粉砕され、しかも日本軍部の国家主義、大陸伸長政策を援助したとの刻印を押される破《は》目《め》となり、また、大学の後援団体であった満鉄、台湾総督府等の外地財団の崩壊、剰《あま》さえ、卒業生の大半が就業していた外地の喪失とその職場の解散など、暗い影が一挙にのしかかって来た。大学の存廃がとかく噂に上り始めたのは、昭和二十一年の新春を迎えると直《す》ぐのことであった。……

昭和二十年五月二十五日のB29の被弾によって恩賜記念講堂並びに第二号館は灰燼《かいじん》に帰し、正に廃墟の姿であり、僅《わず》かに戦災を免れた本館、図書館と雖《いえ》ども、悲惨なまでに傷痕を止《とど》め、頼みとする卒業生の大半は大陸に地盤を築いた人ばかりである。仮に生存していたとしても、引揚げ後の露命を僅かに凌《しの》ぐのが精一杯と言う有様では頼るべき所もない。剰え、今や拓殖大学存廃の瀬戸際に追い込まれてしまっているのである」

第14講

第二次大戦敗北——亡国からの再生

❖「ウォー・ギルト・インフォメーション・プログラム」

日本は、ポツダム宣言を受諾。昭和二十年（一九四五）八月十五日、天皇陛下により終戦の詔勅《しょうちょく》が出されました。苛烈な第二次大戦が終わったのです。日本は連合国軍に降伏、アメリカを中心とする連合国軍の占領下に入り、東京に設置された連合国軍最高司令官総司令部（GHQ）という、圧倒的な権力集団による統治を受けることになりました。連合国軍最高司令官として君臨したのが、アメリカ太平洋軍総司令官ダグラス・マッカーサーです。

GHQは、旧日本を「解体」し、そのうえでこれを「改革」し、そうして戦後日本の「非軍事化」と「民主化」を図ろうと、強大な権力をもって日本統治に臨みました。治安維持法撤廃、婦人参政権実現、財閥解体、農地改革、労働組合法制定、地方自治体法制定といった大改革が、時をおかず施行されました。

さらに、戦前、戦中期の一万人余の「戦争協力者」の公職追放令を施行。これに先立ち、軍国主義と国家主義の教育に携わった者として、一一万人の職を解く教職追放がなされました。再び日本が世界の脅威となることがなきよう、日本人の精神の深層にいたるまでの「改革」、神道指令や教育基本法が制定されました。また、これらの諸改革に対する国民の反論を封じるために、厳しい言論統制を敷いたのです。

GHQによる日本占領が開始されて以来、サンフランシスコ講和条約による独立までの六年八カ月の長期にわたり、日本は言論の自由を完全に奪われたままでした。あらゆる新聞や雑誌、書籍、ラジオ、映画などは、GHQによる厳格な検閲の対象となりました。

言論の自由を奪ったうえで、戦前期の日本の行為のすべてが「悪」であり、明治の時代に代表される「不羈《ふき》独立」の日本の近代史を自由に論じることもできなくなってしまったのです。GHQの政策を批判したり、ましてや、日本の立場を擁護することなど、不可能なことでした。

「ウォー・ギルト・インフォメーション・プログラム」が、GHQ占領政策の柱でした。戦争（ウォー）に対する罪（ギルト）の意識を日本人に植えつけるための、情報宣伝計画（インフォメーション・プログラム）です。日本が再びアメリカに抗する存在とならぬよう、日本人の「精神」をも変革しようという大計画です。「洗脳」計画だといった方が、わかりやすいかもしれません。

「戦闘」は、日本の降伏によって終わっていました。しかし、アメリカは日本人の「洗脳」をすませるまでは、戦争それ自体は終わっていない、と考えたのです。第二次大戦を通して、日本人はいかに残虐な行為を、ありとあらゆるところでやってきたかという宣伝を新聞やラジオで頻繁に報道させました。南京虐殺などは、占領期に比べて言論の自由がまだ大きかった戦前期において、日本人の誰もが耳にすることのなかったできごとです。

南京虐殺は東京裁判で初めて出てきたものです。ほとんどが「つくり話」です。対照的に、その時代の日本人であれば、ほとんどが知っていた、中国軍による日本人の大量虐殺、通州事件の目撃情報などは、まったく取りあげられることがなかったのです。私は当時、小学校の児童でした。よく疎開先の公民館などで、ナチスドイツとならんで旧日本軍の残虐ぶりをたっぷり描いた映画会などに、誘われたことを思い起こします。

ウォー・ギルト・インフォメーション・プログラムを広範に展開しながら、GHQは日本政府に新憲法の制定を促します。占領下での憲法制定です。自主憲法などではまったくありません。国会承認という形はとりましたが、実態は、GHQが作成した憲法の承認でした。

旧憲法の大日本帝国憲法の改正を主張する日本に対して、GHQは全面的な新憲法案を作成すべきことを要求しました。結局は、その根幹をみずからが作成し、その憲法案を日本政府に提出、これを国会審議にもち込ませて、無修正のまま通過させたのです。昭和二十一年十一月三日、日本国憲法が公布され、翌年の五月三日より施行されることになりました。明らかにされた新憲法は、「絶対的平和主義」にもとづくものです。

憲法前文の一部がこうです。

「日本国民は、恒久の平和を念願し、人間相互の関係を支配する崇高な理想を深く自覚するのであつて、平和を愛する諸国民の公正と信義に信頼して、われらの生存と安全を保持しようと決意した」

過激な「理想主義」です。第九条は「戦争放棄」と題して次のように記されました。

「第九条　日本国民は、正義と秩序を基調とする国際平和を誠実に希求し、国権の発動たる戦争と、武力による威嚇《いかく》又は武力の行使は、国際紛争を解決する手段としては、永久にこれを放棄する。

2　前項の目的を達するため、陸海空軍その他の戦力は、これを保持しない。国の交戦権は、これを認めない」

前項は、侵略のための戦争放棄をうたったものだと考えれば、必ずしも欠陥ではありませんが、問題は第二項の「戦力不保持」です。およそ主権国家として、ありえないことです。世界のどこをみても、戦力不保持をうたう憲法をもつ国など、存在しません。占領期において、連合国軍が日本の力量、とりわけその軍事力をいかにして削《そ》ぐか、このことに存分の力を注いでいたことが、この条文の中に鮮明に投影されています。

現実離れした条項です。実際、サンフランシスコ講和条約が結ばれ、日本が独立国家として再び国際社会の中で生存するようになるとともに、この憲法の制約が次第に日本の相克《そうこく》を著しいものにしていったのです。

❖「勝てば官軍」東京裁判

戦前・戦中期の日本を否定するために、連合国がどうしてもやり遂げなければならなかったのが、日本の「戦争指導者」を厳しく裁いて、彼らを放逐《ほうちく》することでした。そのために開かれたのが極東国際軍事裁判、いわゆる東京裁判です。昭和二十一年（一九四六）五月三日に、東京市ヶ谷の旧陸軍省大講堂で開廷、以降、二年半にわたって裁判はつづけられました。

被告とされたのは、陸軍関係者、海軍関係者、官僚、政治家、民間人の二八名でした。このうち二五名がA級戦犯とされ、七名が死刑に処せられました。昭和二十一年一月に出された「極東国際軍事裁判所条例」には、次の三つが、この裁判で裁かれるべき罪科とされています。

(イ) 平和ニ対スル罪　即チ、宣戦ヲ布告セル又ハ布告セザル侵略戦争、若《も》ハ《しく》国際法、条約、協定又ハ誓約ニ違反セル戦争ノ計画、準備、開始、又ハ遂行、若ハ右諸行為ノ何《いず》レカヲ達成スル為メノ共通ノ計画又ハ共同謀議ヘノ参加。

(ロ) 通例ノ戦争犯罪　即チ、戦争ノ法規又ハ慣例ノ違反。

(ハ) 人道ニ対スル罪　即チ、戦前又ハ戦時中為サレタル殺人、殲滅《せんめつ》、奴隷的虐使、追放、其ノ他ノ非人道的行為、若ハ犯行地ノ国内法違反タルト否トヲ問ハズ、本裁判所ノ管轄《かんかつ》ニ属スル犯罪ノ遂行《すいこう》トシテ、又ハ之ニ関連シテ為サレタル政治的、又ハ人種的理由ニ基ク迫害行為。

東京裁判における裁判官のすべてが連合国、つまりは戦勝国とその植民地から選ばれました。中立国からはまったく選出されていません。日本側の弁護団さえごくわずかしか出席できないという状況下での、多分に懲罰《ちょうばつ》的な裁判でした。

A級とはいうものの、そもそも「平和に対する罪」に国際法的な論拠はありません。裁判でも、根拠そのものが重要な問題として提起されました。「平和に対する罪」ならびに「人道に対する罪」の二つは、東京裁判以前には、そもそも存在しなかった犯罪概念です。その意味で、これは近代法の「罪刑法定主義」に反する「事後法」なのです。罪刑法定主義といいますのは、犯罪を処罰するには事前に法令が存在しなければならず、法令に記述される行為の内容や罪科の刑量にしたがって公判のうえで判決を出すべきだとする、近代法の観念です。

東京裁判の正当性には強い疑問があるという主張が、日本人弁護団はもとより、日本以外から選ばれた弁護人からも投げかけられました。しかし、裁判長オーストラリアのウィリアム・ウェッブによって、その疑問のすべてが却下されたまま、裁判は進行したのです。

「平和に対する罪」の中心となった概念が、「共同謀議《ぼうぎ》」でした。「極東国際軍事裁判所条例」によれば、先の(イ)(ロ)(ハ)の犯罪の三類型を記した後に、こうあります。

「上記犯罪ノ何《いず》レカヲ犯サントスル共通ノ計画又ハ共同謀議ノ立案又ハ参加セル指導者、組織者、教唆《きょうさ》者及ビ共犯者ハ、斯《か》カル計画ノ遂行上為サレタル一切ノ行為ニ付《つき》、其ノ何人《なんぴと》ニ依《よ》リテ為サレタルヲ問ハズ、責任ヲ有ス」

日本の指導者が、満州事変、満州国建国、国際連盟脱退、支那事変、大東亜共栄圏へと「世界征服」を狙って着々と謀議を重ねた、という物語をつくらなければ、二八名を同時に裁くことはできません。そのために「平和に対する罪」という、共同謀議の概念がどうしても必要だったのです。

しかし、裁判を通じ具体的な論証をもって、その罪科を立証することはできませんでした。共同謀議とは、ヒトラーという稀にみる狂信的な独裁者の下、少数の権力者の謀議によって大量殺戮を繰り返した、ナチスドイツの指導者を裁くには効果的であったにちがいありません。

しかし、満州国の関東軍が中央司令部の方針にしたがわず、独自に行動して一連の悲劇を拡大させたというのが、日本の真実です。実際、満州事変から大戦敗北にいたるまで、日本の政局は変転きわまりないものでした。満州事変が起こった昭和六年（一九三一）九月以降も、政権は若槻《わかつき》礼次郎、犬養毅《いぬかいつよし》、斎藤実《まこと》、岡田啓介、広田弘毅《こうき》、林銑十郎《せんじゅうろう》、近衛文麿、平沼騏一郎《きいちろう》、阿部信行、東条英機の多きを数えました。共同謀議が成立したはずもありません。

B級、C級犯罪についていえば、マニラ、シンガポール、横浜等で、捕虜虐待等の罪により、十分な弁護の機会を与えられないままに、多くの「戦犯」が処刑されました。

重要なことを短くいいますと、東京大空襲、広島・長崎での原爆投下などにより、アメリカが日本の民間の非戦闘員を無慈悲に攻撃して大量の殺戮を繰り返したこと、ソ連によるシベリア抑留兵への虐待行為などは、まごうことなき非人道的な国際法違反です。しかし、東京裁判では、これらはまったく不問に付されてしまいました。一言でいえば「みせしめ」です。「勝てば官軍」です。

❖アジアの共産化とサンフランシスコ講和会議

日本の戦後処理は、GHQの圧倒的な権力の下で進められました。しかし、占領で閉じこめられていた時代にも、終わりがやってきます。昭和二十六年九月には、サンフランシスコに集まった四八の国々と、日本は講和条約を締結、翌年の四月には、これが発効。長い占領期がここに終焉しました。主権が回復され、改めて日本は国際社会に復帰する機会を得たのです。

サンフランシスコ講和条約締結と同時に、日本はアメリカとの間に日米安全保障条約を結びました。日本が急迫の事態に陥った場合には、アメリカが日本を防衛する。それと同時に、占領のために設けられていた在日米軍基地は、そのままアメリカに貸与され、継続運用されることになりました。これをもって、敗戦国日本と東アジアの安全をアメリカが保障する、という形になったのです。

ソ連ならびにその影響下にあった中東欧諸国と日本との講和は、なりませんでした。しかし、日ソ両国の国交は、後の昭和三十一年十月十九日の「日ソ国交回復に関する共同宣言」によりなされ、日本の国際連合への加盟は、ソ連の賛成をも得ることになりました。

かかる成果は、もちろん日本人の強い独立志向によって得られたものでした。しかし、この時期、東西冷戦と呼ばれる米ソ対立が激しく展開されるようになったことも追い風でした。アメリカとしては、日本の占領をできるだけはやく解いて、日本を自由主義陣営に引き込むことを不可避とする国際的状況が生まれたのです。直接的なきっかけが、米ソ代理戦争ともいうべき朝鮮戦争の勃発でした。

昭和二十五年（一九五〇）六月、北朝鮮軍はソ連の支援を受け、南北朝鮮の統一を求めて韓国に侵入、一方的な攻勢をつづけて、釜山近郊にまで押し寄せてきました。しかし、朝鮮半島の共産化を恐れたアメリカ軍が国連軍として参戦、北朝鮮軍を鴨緑江の北に押しもどしました。ここで、中国人民解放軍が大軍を朝鮮半島に派兵して、朝鮮戦争は東西両陣営の本格的な戦争へとエスカレートしようとしました。一進一退の攻防となり、半島の死傷密度は近代戦においても稀にみる高さとなったのです。朝鮮戦争は、昭和二十八年七月の休戦協定調印にいたるまでつづきました。

この戦争においてアメリカをはじめ西側諸国は、ソ連ならびに中国の自由主義陣営に対する剝《む》き出しの敵意、ならびに無尽蔵の兵力の存在を思い知らされました。マッカーサーは核攻撃に打って出ようとしたのですが、核戦争の惨事を危惧したトルーマン大統領により、マッカーサーは解任されてしまいました。

苛烈な朝鮮戦争の経験を通じて、アメリカは日本の占領をいちはやく終結させ、日本を自陣営の一員とするために、サンフランシスコ講和条約を、急遽《きゅうきょ》、締結しなければならないという緊急性にめざめたのです。

❖同盟関係構築に向かう日米

中国においては、大陸での国共内戦に敗れた国民党の中華民国政府が、昭和二十四年十二月に台湾に逃亡、内戦の延長として、中台が厳しく対立するという事態となりました。台湾を米国が支援して米中が対峙《たいじ》するという、東西冷戦の構図がここでも露《あらわ》となったのです。

ソ連圏内では、昭和三十一年に、ソ連による支配の桎梏《しっこく》から脱しようとする国民運動がハンガリーで起こり、これをソ連が軍事力で抑え込んだ「ハンガリー動乱」が発生。昭和三十六年（一九六一）には、ベルリンを東西に分かつ「ベルリンの壁」が構築され、東ドイツ住民の西ドイツへの移動が禁じられました。昭和三十七年には、キューバ革命が成就《じょうじゅ》してカリブ海に社会主義政権が誕生。ソ連がキューバを支援してミサイル基地の建設を企図、これを阻止せんとするアメリカが、キューバ海域を封鎖、核大国米ソが一触即発の事態を迎えました。

昭和四十年には、南ベトナムの反政府勢力が北ベトナム軍に呼応し、これをソ連、中国が支援、他方、南ベトナムをアメリカが支援するという形での、東西代理対立が進行しました。ソ連、中国、北朝鮮、北ベトナムと、日本の周辺のアジアの国々が、次々と共産主義化していく状況を前に、日本はみずからの安全保障のすべてをアメリカに依存するのではなく、自国自身の防衛力強化の必要性に迫られました。警察予備隊が保安隊を経て自衛隊へと発展し、さらにサンフランシスコ講和条約と同時に締結されていた日米安全保障条約の改定が急務となりました。

新日米安全保障条約は、昭和三十五年（一九六〇）一月に両国間で調印され、同年六月に発効しました。新条約により、日本がアメリカに基地を貸与するかわりに、アメリカによる日本防衛義務をより明確なものとし、これにより双方の利害がバランスするという形となりました。

その他、条約の適用範囲が極東地域にまで拡大。さらに条約の適用期間が十年とされ、条約廃棄事項もつけ加えられました。旧安全保障条約の「片務性」から脱して、日米両国の「双務性」がより強化されたのです。首相岸信介の貢献には大いなるものがありました。

もっとも、この新安全保障条約の調印に際しては、国際的な東西対立を反映してのことですが、「日米」安全保障条約の存在それ自体が危険なものだと考える国内左派勢力が「安保反対闘争」を巻き起こして、「六〇年安保」と呼ばれる反政府運動が、第二次大戦後最大の規模で発生しました。私の大学時代のことでした。

戦時賠償支払い、日本のアジア復帰

サンフランシスコ講和条約は、日本の在外資産の没収を決めるとともに、役務賠償支払いの義務を日本に負わせました。講和会議に参加した国の多くは、日本に対する戦時賠償の請求権を放棄しましたが、講和会議に非参加の国も少なくありませんでした。そのほとんどは、大戦時における欧米列強の植民地でした。それゆえ問題は複雑だったのです。

非参加のインドが賠償請求を放棄する一方、中国は中華人民共和国の承認問題により講和会議への招請を受けなかったのです。アメリカは、議会での承認を得るために、日本は、中華人民共和国ではなく中華民国に賠償する必要がある、と要求してきました。これを受けて日本は、昭和二十七年四月に中華民国と講和条約を結んで、賠償交渉に臨むことになりましたが、中華民国政府は、賠償放棄を日本に伝えました。

結局のところ、日本への賠償請求国は、フィリピン、インドネシア、ビルマ、南ベトナムの四カ国に絞られました。長い交渉の末に、昭和二十九年八月にはビルマとの、同三十一年五月にはフィリピンとの、同三十二年十一月にはインドネシアとの、同三十四年には南ベトナムとの交渉が妥結したのです。

東南アジア諸国への日本の賠償が、このような形で進んだのには、ソ連、中国、北朝鮮、北ベトナムへと広がるアジアの共産主義化の波を押しとどめ、アジア諸国を自由主義陣営に引きとどめておくためには、日本の協力が不可欠だとのアメリカの判断がありました。これが日本に賠償支払いを強く促した要因でした。日本にとってみますと、賠償支払いは、大戦によって遮断《しやだん》されてしまったアジア諸国との関係を再度構築するための、一言でいえば、日本のアジア復帰のための好機でもあったのです。

韓国に対する賠償は、きわめつきの難題であり、賠償交渉には長期にわたる時間と厖大な外交的エネルギーを要しました。昭和四十年十二月に、日韓基本条約がようやくにして締結。これにともない無償資金協力三億ドル、有償資金協力二億ドルを、日本が韓国に対して支払うことになりました。

日中国交樹立は、一九七二年九月の、日中共同声明によってなされました。この日中共同声明により、中国は対日賠償請求を放棄しました。

共同声明文の大きな問題は、その第九条の第三項目です。「中華人民共和国は、台湾が中華人民共和国の領土の不可分の一部であることを重ねて表明する。日本国政府は、この中華人民共和国政府の立場を十分理解し、尊重する」というものでした。

日中国交樹立により、台湾という近代日本が精魂を傾けて近代化に尽力し、台湾住民もその多くが認める実体的な「国家」を、どうして、ああまでやすやすと手放してしまったのでしょうか。ここに重大な問題があると、私どもは認識しなければなりません。なんという大きな資産喪失であったことでしょうか。現在における、〝尊大な中国、卑屈な日本〟という日中関係のありようの基本は、日中外交の起点、日中共同声明にその淵源《えんげん》がある、と私は考えます。

中国という巨大な存在と国交をいつまでも正常化しない、というわけにはいきません。しかし、日中国交正常化交渉において、日本は大きすぎる譲歩をしてしまったのではないか、という思いがいまでも私にはあります。中ソ対立が厳しくなり、ソ連が中国への核攻撃をもちらつかせて圧力をかける状況下で、中国は一刻もはやい、米中関係、日中関係の修復を望んでいたのです。

日中共同声明を促したものは、その直前に訪中したアメリカ大統領リチャード・ニクソンが中国と協議のうえで発表した、「上海コミュニケ」です。そこでは、「米国は、台湾海峡の両岸のすべての中国人は、中国は一つであり、台湾は中国の一部であると主張していることを認識（アクノレッジ、acknowledge）する」、と述べるにとどまっていたのです。

実際、アメリカは、ジミー・カーター政権下で、日本より七年遅れでの中国との国交樹立となり、台湾との国交を断絶しました。しかし、アメリカは、台湾との国交断絶と同時に、議会が国内法として「台湾関係法」を成立させたのです。アメリカと台湾との事実上の同盟関係維持でした。内容を要約すれば、〝台湾問題のアメリカ国内法への影響を最小限にとどめる、一九七九年以前の台湾とのすべての条約、外交上の協定を維持する、台湾を諸外国の国家または政府と同様に扱う〟というものでした。

中国を国家承認し、台湾とは公式には国交を断絶するものの、旧来の米台関係への影響を最小化しようという、優れた外交的姿勢をアメリカはここでみせつけたのです。台湾への武器売却などは、この台湾関係法にもとづいてなされてきました。中国の国内問題として扱われがちな人権問題や少数民族問題にも、アメリカは、終始、対抗的な外交姿勢を貫いています。

台湾問題への象徴的なアメリカの対応について、衝撃的なできごとを一つ述べておきます。一九九六年三月の台湾総統直選時に行われた、中国の台湾に対する軍事的威嚇《いかく》に対して、アメリカは二隻の空母機動部隊を台湾海峡に派し、中国を牽制するという毅然《きぜん》たる態度をみせつけたのです。

アメリカの「アクノレッジ」と、日本の「理解し尊重する」は同じ意味です。同じ言葉を使いながら、日米の台湾政策の間には、途方もなく大きな懸隔《けんかく》があります。要は、アクノレッジの解釈において、日本の対応はいかにも不安定で情緒的です。パワーポリティクスの現実にめざめて、これに対処する柔軟性に欠けるところが多かったといわねばなりません。

❖GATT・IMF体制への参入――「戦後」という時代の終焉

新日米安全保障条約の締結と同時に、この条約改正に心血を注いできた岸信介内閣が退陣、昭和三十五年七月に、新たに池田勇人《はやと》が首相に就任、同年十二月の閣議で「国民所得倍増計画」が決定されました。この時期、日本経済は日本の近現代史においても稀にみる強い活力をたぎらせていたのです。池田首相のブレーンを務めた大蔵省官房財務官の下村治は、この時期の日本経済は未曾有の「歴史的勃興期」に入りつつある、と表現しました。下村の執筆による昭和三十三年度『経済白書』は、次のように述べたのです。

「戦後日本経済の回復の速《すみや》かさには誠に万人の意表外にでるものがあった。それは日本国民の勤勉な努力によって培《つちか》われ、世界情勢の好都合な発展によって育まれた。……経済の浮揚力には事欠かなかった。経済政策としては、ただ浮き揚がる過程で国際収支の悪化やインフレの壁に突き当るのを避けることに努めれば良かった。消費者は常にもっと多く物を買おうと心掛け、企業者は常にもっと多くを投資しようと待ち構えていた。……なるほど、貧乏な日本のこと故、世界の他の国々に比べれば、消費や投資の潜在需要はまだ高いかもしれないが、戦後の一時期に比べれば、その欲望の熾烈《しれつ》さは明らかに減少した。もはや『戦後』ではない」

高度経済成長の重要な帰結が、日本経済の国際的認知でした。これは、第二次大戦後の開放経済体制を保障するための制度的措置であるGATT（貿易と関税に関する一般協定）ならびにIMF（国際通貨基金）への参加、参加条件の変化となってあらわれました。日本は昭和二十七年（一九五二）八月にIMFに参加、昭和三十年（一九五五）九月には、GATTに加盟することができました。

もっとも、欧米諸国はGATT三五条を適用して対日差別をつづけており、真の意味での〝自由で多角的かつ無差別〟を原則とするGATT加盟国としての日本の地位は、昭和三十八年二月の「一一条国」への移行まで待たなければなりませんでした。一一条国とは、国際収支上の理由をもって貿易制限をしてはならない、という条項を遵守《じゅんしゅ》する義務を負う国のことです。

IMFについても、昭和三十九年（一九六四）四月に、「八条国」に移行し、ここでも国際収支上の理由によって為替取引制限はできないという義務を課せられる「一人前」の経済国家として認知されたのです。これらの先進国グループとして負うべき義務を負ったところで、同年四月にOECD（経済協力開発機構）への加盟がなり、日本は名実ともに先進国として認知されました。

昭和三十九年には東京オリンピックが開催され、世界の耳目が経済大国日本に注がれました。私自身も昭和三十八年に大学を卒業、その年に東京のある民間企業に奉職し、高度経済成長の時代を、その主役である民間企業の中で経験するという機会に恵まれました。

日本は、開国・維新の時代を経て、日清・日露戦争に勝利、さらに第一次大戦に参戦してこれにも勝利、五大列強に加えられました。しかし、大国となったのも束《つか》の間、日本は中国大陸の泥沼に足をとられ、第二次大戦にはまり込み、この大戦に敗北して亡国の淵に立たされます。しかし、敗戦後の日本は、亡国の危機を乗り越え、敗戦後二十年足らずの間に、経済大国の地位と、それにふさわしい国際的プレゼンスを回復し、「戦後」という時代を終焉させたのです。

第15講

敗戦後の日本と拓殖大学

❖拓大生よ、再び「地の塩」となれ

第二次大戦での敗北から現在までが「現代史」です。しかし、現代史はあくまで現代であって、歴史とはいえません。歴史といえるほどにその評価が定まってはいないからです。したがって、この講義では近代史を中心にして、その中で拓殖大学がいかに生成し、発展し、苦難に立ち向かってきたのかを話し、現代史は対象外とするつもりでおりました。

しかし、近代の日本が、第二次大戦の敗北という悲劇的な結末となってしまった以上、その結末を、現代の日本がどのようにして振り払い、再出発したのか。少なくとも、敗戦の苦境を乗り越え、〝もはや戦後ではない〟といわれる時期まで、一言でいえば、日本が再び国際社会に復帰してその存在が認められる時代までの時期を、できるだけ簡略に回顧して諸君に語ってみよう、と考えるにいたり、前回そのお話をしたという次第です。

第二次大戦での敗北は、日本という国家が、過去に経験したことのない、亡国的な悲劇でした。昭和二十年三月には、東京大空襲により帝都東京が壊滅、八月には広島、次いで長崎に原子爆弾投下、ポツダム宣言受諾を経て、八月十五日には昭和天皇の悲痛なる終戦の玉音《ぎょくおん》放送に接し、国民は茫然自失でした。

終戦時に六歳であった私にも、あの日の記憶は切なくも鮮やかに残っています。山梨県の甲府、当時人口八万人ほどの山国の小さな町が、米軍の激しい空襲を受け、生き延びて母の里にたどり着いたのです。気がつけば、上半身に火傷《やけど》をいくつも負っていました。火傷の痕《あと》は、寒い日にはいまでも疼《うず》いてあの日の恐怖を呼び起こします。

八月十五日、母の里の広い庭に敷かれた蓆《むしろ》に人々は座し、玉音放送を聞く全員が両手をついて唸《うな》るように泣いていました。「亡国」、日本人の胸裏に去来したのは、この言葉だったにちがいありません。

しかし、圧倒的な権力者として君臨したGHQ（連合国軍最高司令官総司令部）の統治下にありながらも、日本人ははやくも戦後復興を志し、経済力の回復と国際社会への復帰を求め、国の総力を挙げて全力疾走を開始しました。昭和二十六年にはサンフランシスコ講和条約によって主権を回復、日米同盟を締結することによって自由主義陣営に属し、西側世界に身をおき、次第にそのプレゼンスを拡大していったのです。驚嘆すべきは、昭和三十年代に入るころから加速した高度経済成長です。この経済力を背景に、GATT・IMF体制の主導国の一つへと、日本は変貌したのです。

日本は、戦後の苦境にありながらも、アジア諸国に対する戦時賠償を支払い終えました。これが、後の一九九〇年代に、日本を世界最大のODA（政府開発援助）大国たらしめる契機となりました。

歴史は、ひたすらなる錯綜です。第二次大戦が「侵略」か「解放」か、はたまた「義戦」か「愚戦」か、永遠の論争課題でありましょう。第二次大戦での日本軍の戦いにより、長らく隷従を強いられてきたアジアの国々が列強からの解放と独立を手にしたことは、まぎれもない事実です。しかし、この大戦が日本を亡国の淵に立たしめ、アジア各国の住民に惨禍《さんか》を及ぼしたことも、事実としてこれを重く受けとめねばなりません。

少なくとも拓殖大学の指導者たちは、この事実を深刻なものとして受けとめるとともに、他方で、校歌にうたわれている「磽确《こうかく》」の地、アジアに「やがて花咲かむ」と、未来の繁栄を願いながら、敗戦のために志を半ばにした卒業生たちの無念に思いを馳《は》せ、戦前期における「海外雄飛」の伝統を受け継いで、アジアの「地の塩」たらんとする理念を掲げつづけました。第七代学長高垣寅次郎ならびに第一〇代総長の矢部貞治が唱えた拓殖大学再興の理念がその象徴です。この理念は、拓殖大学人の心をいまなおゆすぶるものとして継承されています。

第二次大戦直後に始まり、日本の国際社会復帰までのさまざまな経緯の中で、拓殖大学の伝統を引き継いだ事業についてお話ししてみようと思います。一つは、最終的には実現はできなかったものの、拓殖大学再生プランとして、国際協力大学構想が打ち立てられ、この構想を実現するために多大のエネルギーが注がれたことです。二つは、インドネシア賠償留学生の受け入れです。三つは、南米移住事業です。

❖自虐史観で苦しめられる

このことを述べる前に、どうしても語っておかなくてはならないことがあります。敗戦後、拓殖大学に対する社会の眼が、随分と冷たかったという事実です。あの終戦以降の、「自虐史観」とも呼ばれる、戦前期日本に対する幼児的なほどにネガティブなイメージを、日本人がGHQによって埋め込まれてしまったのです。

建学以来、海外、特に、台湾、朝鮮、満州、中国で活躍する人材を養成してきた教育機関が、拓殖大学です。それゆえ、なにか軍部の侵略政策の片棒を担いででもきたかのような、ひどい誤解が生まれたのです。すでに述べましたように、拓殖大学の伝統は、これらの地域の開発と近代化のために「草の根」で懸命に働く人々の養成でした。それら人材の現地社会に対する貢献は、現地の住民の高い評価をつねに受けてきました。

拓殖大学の思想は、桂太郎、後藤新平、新渡戸稲造に端的にあらわれています。後藤の用語法でいえば、現地の「旧慣」を重んじ、それに適合した形で、種に芽をふかせるという「生物学的植民地経営論」でした。しかし、戦後の思潮にあっては、「拓殖」というコンセプト自身が、植民地化、英語でいえば、コロナイゼーションという否定的な意味合いをもって、受け取られるようになってしまったのです。至極《しごく》、残念なことです。この思潮の影響、世の評価の冷たさは、大学にも響いたらしい。拓殖大学内部からも「拓殖」を忌避《きひ》する意見が出て、昭和二十一年四月をもって校名を「紅陵大学」に変更することになりました。

校名をそのように変更すべしといった公式の、例えばGHQなり文部省なりの関係当局からの指示があったわけでは、まったくありません。校名変更を要求するフォーマルな要請の文書は、今日にいたるもみつかってはいません。フォーマルな要請がなかったにもかかわらず、校名変更を余儀なくされたということの事実は、当時の自虐の時代思潮が、それに逆らうことができないほどに強いものであったことを物語っています。

❖大学の新軌道を示す高垣寅次郎

戦後、廃校まで取りざたされ、校名の変更を余儀なくされた拓殖大学が、かろうじて戦前の矜持《きょうじ》を保って再出発できたのには、占領下という厳しい状況にありながらも伝統を見失うことなく、毅然として新しい方向性を示した学長高垣寅次郎の存在が大きい、といわねばなりません。高垣は、昭和八年（一九三三）より拓殖大学に勤務してきた重鎮の教授でした。後年、学士院会員に選ばれた経済学の碩学《せきがく》でもありました。高垣は、たびたび『紅陵大学新聞』に寄稿して、自分自身の考えを学生や教職員に語りつづけたのです。

「われわれの学府はその本来の使命が使命であった。その看板、そのスローガンを、そのままに掲げていきつづけることは、正しいことではないという反省が、終戦後もたらされた自覚の最初のものであったであろう。勿論それは、外からの圧力が加えられると予想される以前のものであった」と、校名変更が自主的なものであったことに、高垣は言及しています。

「校名は改称された。一切の残滓《ざんし》を振りきって。そして新たなる紅陵大学の名の下に、日本の将来を担うべき青年の教育がつづけられている。わが学園はこれまで、日本の命運を拓いて来たし、これからも拓いていくべきである。……伝統の美風は傷つけられないやうに注意が払われているが、時代にそはぬ弊風《へいふう》は一掃されねばならない。講座の改廃、内容の充実によって、アカデミックな真の学府を実現」するために努力をつづけようではないか。激変する時勢にあって、多くの障害が横たわっていようが、「われわれは日本の点灯夫であることを信じて進」もうと、再建の決意を高垣は高い調子で述べています。

また、同新聞で高垣は、〝国土が狭くて人口が多くしかも資源のない日本では、国民の生きる道を外に求めるのは古今を通じての日本の国情である。建学以来の海外を目指す本学の方向性は、その要請に沿ったものであって、変える必要はない〟と語っています。「拓殖」の場を失った本学に存続の意義はあるのかという深刻な問いに、高垣は正面から向き合い、「伝統の中から、とるべきものを守りつつ、しかも時代にふさわしい改容を加え」るという方針の中に「新軌道」を求めるべきだ、と強く学生と教職員に訴えつづけました。

〝校歌に謳われる精神は民族平等の理想に立った「国際友愛の精神」であり、現地の開発を我が事として現地の人たちと共に汗を流すのは「国際親善主義」の発露である〟といい、拓殖大学の伝統を新しい言葉で語ろうとも努めたのです。その立脚点は、本学の教員、学生と卒業生が長年にわたって積み重ねてきた、世界の各地域の経済、政治、文化を研究する地域研究でなければならない、と強調しています。

高垣は、敗戦間もない状況にあってなお、建学の精神や伝統を強く再評価し、それを本学の指針としたのです。日本の復興を促し、拓殖大学の進むべき指針を先取りした指導者が高垣でした。今日までつづく国際大学としての拓殖大学の成果は、高垣の高邁《こうまい》な理想と先見性に負うところが大きいというべきでありましょう。

❖矢部貞治の理想を胸に秘める

もう一人、拓殖大学の精神を鮮やかにその言説の中に浮かびあがらせたのが、昭和三十年二月に第一〇代総長に就任した矢部貞治です。東京大学、早稲田大学で政治学教授を長く経験した政治学の泰斗《たいと》です。矢部は、敗戦後の拓殖大学の存在意義は、いよいよ高いことを説き、拓殖大学生は、独立したとはいえなお貧困と停滞をつづけるアジア諸国の開発の「地の塩」となれ、と繰り返し強調したのです。その格調高く、当時の学生の胸を揺すぶった矢部の文章を、ここに掲載しておきます。拓殖大学には矢部が総長の時代に大学内に設置された地域研究組織、海外事情研究所があります。その機関誌が現在も月刊で発行されている『海外事情』ですが、その創刊の辞です。

「積極気概の精神をもって海外に活躍し、とりわけアジアの独立と繁栄のために喜んで殉ずる青年を育成することは、わが拓殖大学建学の大きな指標であった。この指標は過去において幾多の成果をうんだが、この建学の真の精神は、今こそ大いに振起《しんき》されねばならない。

それは単に、四つの島に九千万に近い人間がひしめいている日本の現状を思っただけでも、思い半《なか》ばに過ぎるものがあるが、しかし其《そ》の精神はその様な功利的側面にあるのではない。むしろ大東亜戦争の世界史的成果としてもたらされた、アジア諸民族の解放と独立を確固たる土台の上に充実し確立するため、諸民族が相携えて、アジア固有の文化を高揚しつつ、近代の科学技術を導入し、豊かな未開発資源を開発し、農業を改革し、工業化を推進し、有無相通《うむそうつう》の通商貿易を振興して生活水準を高め、衛生福祉を向上せしめる事業に、われら日本人が地の塩となって、寄与し奉仕すべき余地が、今ほど拡大している時はないという意味である。深い懺悔《ざんげ》の念と祈りのこころをもって、そのような寄与と奉仕につくすことが、アジアに対して日本が犯した過去を償《つぐな》う唯一の道であり、アジアの自主と繁栄の中にのみ、日本の自主と繁栄も存立できることを想えば、日本本位の利己主義ではなく、母なるアジアそのものの自主と繁栄のために奉仕することが、やがて日本の命運を切り開く途であることを自覚しなければならない。その意味で、アジアの指標は日本の指標であり、それに寄与し奉仕することが、正に拓殖大学の精神に合致するものである。膨張主義がことごとく崩れ去った今こそ、われら日本人は、天地神明に恥じない公明心をもって、アジアの諸民族と交わることができる。わが建学の精神が、そのような意味で今こそ発揮されねばならない」

❖国際協力大学構想の夢

日本の国力が次第に増強するとともに、アジア諸国を中心に、開発途上国に対する経済協力を積極的に展開すべきだ、という意見が政府の中で次第に強く主張されるようになりました。その議論の結実が、昭和三十五年設立の「海外経済協力基金」(現在の国際協力銀行)であり、昭和三十七年に設立された「海外技術協力事業団」(現在の国際協力機構)でした。

当時、これとは別に、対外教育協力の促進機構を設置しようという気運が高まり、自民党内に対外教育協力対策小委員会が組成されました。拓殖大学総長の矢部貞治、当時の拓殖大学の理事長であった西郷隆秀が委員会に出席、意見を求められました。拓殖大学の伝統が高い評価を受けていたことを証《あか》す事実です。矢部、西郷は、拓殖大学の短期大学に国際農業開拓科を設置し、対外農業人材を養成する、拓殖大学内に日本語研修所を設置する、日本青年の派遣オリエンテーションを集中的に大学内で行う、などの案を出しました。

インドネシア賠償留学生の主たる受け入れ先として拓殖大学に要請があったのも、国際教育に対する拓殖大学への評価が高かったからです。矢部、西郷の構想は、国際協力大学構想として、さらに充実したプランへと拡充していきました。しかし、一大学が担うプロジェクトとしては、いかにも構想が大きすぎ、結局のところは、先送りの格好となり、陽《ひ》の目をみることなく終わってしまったのですが、残念なことだといわざるをえません。矢部は、国際協力大学構想が実現できなかったことを理由に、昭和三十九年六月に総長を辞任したのです。

結局は、実現にはいたらなかったとはいえ、拓殖大学の伝統を戦後に正統的に継承しようという矢部の高い理想を示す事実です。しかし、それから三十数年の時を経て、拓殖大学百周年記念の最大事業として国際開発学部が生まれたのは、そのような歴史的背景があったからに他なりません。

インドネシア賠償留学生

拓殖大学の伝統を戦後に引き継いで実現された事業の一つが、インドネシア賠償留学生の受け入れです。第二次大戦時に東南アジア諸国に進出した日本軍が現地住民に与えた被害を賠償するために、どのくらいの金額の代金と役務（サービス）を支払ったらいいのかについて、日本政府とインドネシア政府との間で賠償協定締結のための長い交渉がなされました。その協定がなり、日本の役務賠償の一環として、インドネシアの人材養成のために、インドネシアの青年を日本に留学させ、それに要した費用を賠償支払額にカウントするというユニークな、そのうえ実効性の高い方法として、賠償留学生制度が導入されたのです。

この講義の中で、残留日本兵の一人として敗戦後も帰国せず、インドネシアのオランダからの独立のために、ジャワ防衛義勇軍を編成し、その兵士の訓練に当たった拓殖大学卒業生の柳川宗成《もとしげ》について語ったことがありました。同じく拓殖大学の卒業生で、日本の敗戦後に日本軍を離脱、インドネシアの独立闘争のために闘った卒業生に、サトリア石井（石井淑普《よしなみ》）がおります。サトリアとはインドネシア語で「武士」のことです。

石井は、同志約三〇名ともども特別攻撃隊を編成し、日本敗戦後に戦勝国連合軍の一国としてインドネシアにもどってきたオランダなどに、奇襲攻撃を展開しておりました。その後、石井は、インドネシア総軍司令部の教育大隊の教員として軍事訓練を担当、また、インドネシア語による軍事教本の作成に精を出しました。しかし、インドネシアがオランダから独立を達成するや、退官。退官の理由は、インドネシア共和国軍がかつての敵であった旧蘭印軍をも合流させたことに対する憤懣《ふんまん》であったといわれています。いかにも「俠《きょう》」の人、サトリア石井らしい振る舞いです。

その後も、石井は、日本・インドネシア交流のために尽力しつづけ、インドネシア大使館に勤務、主として賠償留学生の問題に取り組んだのです。石井らの情熱によって成立したものが、インドネシア賠償留学生制度です。

昭和三十五年（一九六〇）以降七年にわたり、毎年、賠償留学生一〇〇名、賠償研修生二五〇名、計三五〇名のインドネシア留学生を受け入れることになりました。留学生は一年間、研修生は半年間の日本語研修を受け、その後、日本の各大学に進学し、研修生は日本企業での技術研修を受けて帰国する、というのが基本的な課程でした。その日本語の研修を担ったのが拓殖大学です。

賠償留学生や研修生の受け入れのための組織として、茗荷谷《みょうがだに》キャンパスに拓殖大学語学研修所が設置されました。これが現在の留学生別科の淵源です。全国諸大学の中でも有数の留学生のための日本語教育機関です。賠償留学生・研修生に先立ち、第二次大戦中から開始された、東南アジア各国からの国費留学生のことを、南方特別留学生といいます。

賠償留学生・研修生と南方特別留学生などは、当時、教育レベルが高くはなかったインドネシアにとって、実に有用な人材でした。インドネシア留学生の出身母体は、政府官庁はもとより、農業、工業、商業、交通、金融、その他、大学や専門学校から選りすぐられた現職者でした。拓殖大学は、財政的にも人員的にも厳しい状況にありながら、彼らを必死に支えたのです。学生たちは、渋谷区大山町に建設された学生寮で生活し、この間に拓殖大学生との交流がつづき、この交流はいまなお拓殖大学とインドネシアとの関係の大きな資産となっています。

インドネシア留学生の多くは、帰国後、政界や財界で名をなしました。彼らが日本人を最も深く理解し、日本人の勤勉な精神をインドネシアの中にも取り込みたいと考えてくれたのです。彼らが集って「プルサダ」という同窓会が結成されました。この同窓会が主体となって、ダルマプルサダ大学が設置されたのです。かつての留学生の努力によって、母国で大学が建設されたなどという話は、私は他に聞いたことがありません。

拓殖大学が、ダルマプルサダ大学と姉妹大学関係にあることは、むろんのことです。インドネシアにおける日本語教育、日本研究の中心的な役割を担っているのがダルマプルサダ大学です。毎年、拓殖大学との共催で日本語スピーチコンテストが行われ、また、拓殖大学学生のインドネシア研修の最も重要な受け入れ先ともなっています。工学部が設置されて、日本の物づくり精神を根づかせる大学の拠点ともなっています。しばしばここを訪れる私を、幸せな気分に浸らせてくれる大学でもあります。

❖南米移住熱の中の拓殖大学

ポツダム宣言受諾、第二次大戦における日本の敗北は、拓殖大学にとっても、その建学の精神の成否を問われる大事でした。台湾、朝鮮、満州を中心とした海外フロンティアの開発と近代化に資する人材の養成こそが、拓殖大学の使命でした。しかし、それら地域のすべてが日本から切り離されてしまいました。GHQによる占領下では、これら海外諸国との交流さえも不可能となってしまったのです。

サンフランシスコ講和条約によって再び主権国家として登場したものの、日本の海外のフロンティアはすでに消滅しており、いかにして拓殖大学は生き延びていったらいいのか、その行く先をどこにみいだすべきか、容易に答えの出る課題ではなかったのです。ここで一つの新たな曙光《しょこう》が、南米移住構想の中にみえてきたのです。

日本の海外移住には、古い歴史があります。初期において大規模だったのは、ハワイ移民です。明治時代、ハワイで活況を呈した砂糖黍《きび》の収穫や搾糖などの工場で働く労働者として、大量の日本人がここに移住しました。アメリカ本土への移民も多かったのです。勤勉なる日本人移民がアメリカ人の雇用機会を脅かす存在となったかのように受け取られ、排日移民法がアメリカ議会で成立したほどでした。満州国建国によって、ここへの移住者が著しい速度で伸びていったことも、すでに指摘しました。

日本人の海外移住の歴史は、このような来歴をもつのですが、敗戦後の移住先としてクローズアップされたのが、ブラジルなどの南米諸国でした。拓殖大学卒業生は新たなフロンティアを南米に拓こうという意欲をみせたのです。南米諸国においても、拓殖大学の卒業生たちは、かつてのアジアにおいてそうであったように、それぞれに国の「地の塩」となって、その地の開発のリーダーたれと矢部総長は繰り返し述べました。多くの学生が「海外雄飛」の地として、南米をめざすようになったのです。矢部自身、調査のために、昭和三十六年には三カ月をかけて中南米諸国を視察しています。

拓殖大学卒業生の移住者数がわかるブラジルを例にしますと、昭和二十年代には三一人、昭和三十年代には七三人でした。昭和四十年代に入りますとピークを越えますが、それでも昭和三十九年から四十二年までの第一一代総長安藤義良《よしろう》の時代には一六人、昭和四十二年から四十六年の第一二代総長中曽根康弘の時代には、二二人の移住者を出しています。

安藤は、外務省勤務を経て昭和二十六年から拓殖大学教授となりましたが、教授在任中に駐ブラジル大使に任命されました。

日本、ブラジル両国の合弁事業として名高いウジミナス製鉄所の建設は、この安藤の大使時代に進められました。ちなみに、この大事業の完成にいたる日本側のリーダーの一人が、現在の拓殖大学理事の阿南惟正《あなみこれまさ》です。

戦前期の、台湾、朝鮮、満州への赴任と同様、南米への「海外雄飛」に、学生たちは相当の準備を重ねて臨んだのです。拓殖大学に、スペイン語、ブラジル語が選択科目としておかれていたことも、彼らの夢を育《はぐく》んだ要因の一つでした。南米移住を希望する学生によって、大学内に「海外移住研究会」が組成されました。昭和二十七年から二十八年ごろには「開拓実践」と称して、海外移住研究会の学生が、当時の拓殖大学の小金井キャンパスの一隅にテントを張り、そこで寝泊まりして訓練を重ねた、という記録も残っています。当時、日本海外協会連合会の専務理事の職務にあって、南米移住のプロモーターであった鳥谷寅雄が、拓殖大学に寄付講座として国際移住論を開講したのですが、毎週四〇〜五〇人の学生が受講し、当時の狭い教室はつねに満席だったようです。

これら拓殖大学生は、南米のフロンティア開発を、拓殖大学生のみならず、他の教育機関をも含めた全国的な運動とし、自分たちがその中核的存在たらんとする意欲をもっていました。海外移住研究会に属していた拓殖大学生の一人、山崎松恵は、当時の雰囲気を伝える、次のようなエピソードを残しています。

「東北各県農業高校をまわり海外移住の啓蒙に夏休みを利用して講演旅行も行った。腹を据えて五〇〇名の高校生を前に熱弁をふるった。当時は農業移住が主なものであったことから農業実習をやろうということになり、北海道の帯広に移研の学生二〇名が各農家に分散して農業体験を積んだ。朝暗いうちに起きて牛小屋の清掃、搾乳の手伝いを時には怒鳴られながらやった。朝食はアワ、キビが九〇パーセント、米一〇パーセント位のごはんだった。食後は休む間もなく果てしなく広がるマメ畑の雑草取り、農業の大変さをこの時はじめて知った。農業実習終了後に帯広の十勝毎日新聞の林先輩の計らいで、白米にジンギスカン料理を腹一杯食べさせてもらった。お互い将来の海外雄飛の夢を語り合い忘れられない宴《うたげ》となった」

南米移住熱の高まりの中心にいたのは拓殖大学の学生でしたが、意欲をみせたのは拓殖大学の学生ばかりではありません。拓殖大学の海外移住研究会の呼びかけに、他の多くの私立大学や国立大学の学生が応じて、日本学生海外移住連盟が設立されました。初代委員長が拓殖大学の高橋順次郎でした。

日本学生海外移住連盟の連盟歌が、当時ありました。第二節にこうあります。

ああ　アンデスの雪白く
インカの住むところ
大アマゾンの森深く
原始の民のすむところ
いざ　ゆかんかな　我が友よ
拓殖一家の　友ぞ待つ

南米移住は、昭和四十年代に入るころから、全体としては減少の傾向となりました。高度経済成長の時代となり、国内に豊富な就業先が出現したためです。また、このころになると、日本の貿易取引先国や企業進出先国も多様になり、海外フロンティアは世界中に広がっていったのです。

往時の拓殖大学学生の南米移住がいかに強い熱を放っていたかは、ブラジルを中心に南米各地に在住している卒業生の数が三〇〇名前後に達したことにあらわれています。平成六年には、在南米移住者の手により、ブラジルのサンパウロに拓殖大学南米会館が建設され、ここが彼らの故郷のような感じを醸《かも》し出していました。

深田祐介の小説の一つに『革命商人』(文春文庫)があります。小説ですから、事実そのものではありませんが、深田が小説の主人公とした「岸田洋治」とは、拓殖大学の出身者の岸野友治そのものです。

岸野は、昭和三十二年に拓殖大学に入学し、海外移住研究会に所属、スペイン語を習得したうえで、昭和三十四年二月、川崎汽船の貨物船チリ丸に乗ってチリに上陸、苦難の仕事をいくつかこなし、革命動乱の中で国産車の生産開始をめざしていたチリ軍部に働きかけて、トヨタ車の大量受注に成功、三井物産の持株会社トヨタ・チリ社の社長となりました。

革命動乱とは、史上初の選挙によって社会主義政権が、一夜にして誕生した事件のことです。その後、社会主義的改革を急進する政権党と、中産階級の旧利益を守護しようとする野党ならびに軍部との暗闘が、熾烈《しれつ》に展開されました。革命動乱の中にあってこそ生まれるビジネスチャンスを、長い苦労の中で蓄積した経験を生かして手にし、しかし、やがて動乱の沈静化とともに商社マンとしての人生を退いていく一人の男の人生が革命商人、岸野友治の物語でした。

❖創立百周年・天皇陛下のお言葉

拓殖大学は、明治三十三年(一九〇〇)の設立です。今年は創立百十四年目になります。十四年前の百周年記念式典には、天皇皇后両陛下の行幸啓《ぎょうこうけい》を仰ぐことができました。行幸啓とは、天皇、皇后がご一緒にお出ましになられることです。平成十二年十月二十四日、場所はホテルニューオータニ。当時の陛下の、拓殖大学に寄せられたお言葉を読んでいただき、この講義を終了します。長い間、お付き合いくださり、ありがとうございました。

「拓殖大学創立百年に当たり、参列者を含む大勢の関係者と共に、この記念式典に臨むことを、誠に喜ばしく思います。

拓殖大学は、前世紀最後の年に当たる明治三十三年、台湾の開発と殖産興業の発展に貢献できる人材の育成を目指し、桂太郎校長の下に台湾協会学校として設立されました。

校名が拓殖大学となるのは、第一次世界大戦が終わって間もない大正七年のことでありますが、そのころ作られた校歌には青年の海外雄飛の志と共に『人種の色と地の境　我が立つ前に差別なし』とうたわれています。当時多くの学生がこの思いを胸に未知の世界へと大学を後にしたことと思われます。

第二次大戦後、日本と日本を取り巻く環境は大きく変わりました。しかし、『積極進取の気概とあらゆる民族から敬慕されるに値する教養と品格を具えた有為な人材の育成』という建学の精神は今日に生きるものであり、日本が今後ますます国際社会の平和と繁栄に貢献していくためにも、この大学から、国内はもとより、開発協力を始めとする様々な分野で世界を舞台に活躍する人々が数多く送り出されていくことを期待しております。

この百年の機会に、拓殖大学の関係者が過去に学び、よき未来を目指して、大学を更に発展させていくことを願い、お祝いの言葉といたします」

PHP新書

PHP INTERFACE
http://www.php.co.jp/

渡辺利夫［わたなべ・としお］

1939年山梨県生まれ。拓殖大学総長。慶應義塾大学卒業、同大学院博士課程修了。経済学博士。筑波大学教授、東京工業大学教授を経て、2005年4月より拓殖大学学長。11年11月より第18代拓殖大学総長を兼任。13年3月に学長を退任。外務省国際協力有識者会議議長、第17期日本学術会議会員、アジア政経学会元理事長、山梨総合研究所理事長なども歴任。JICA国際協力功労賞、外務大臣表彰、第27回正論大賞。著書に『成長のアジア 停滞のアジア』（講談社学術文庫、吉野作造賞）、『開発経済学』（日本評論社、大平正芳記念賞）、『西太平洋の時代』（文藝春秋、アジア太平洋賞大賞）、『神経症の時代』（TBSブリタニカ、開高健賞正賞）、『新 脱亜論』（文春新書）、『国家覚醒』（海竜社）ほか多数。

アジアを救った近代日本史講義
戦前のグローバリズムと拓殖大学
（PHP新書903）

二〇一三年十二月二十七日　第一版第一刷

著者――渡辺利夫
発行者――小林成彦
発行所――株式会社PHP研究所
東京本部――〒102-8331 千代田区一番町21
新書出版部 ☎03-3239-6298（編集）
普及一部 ☎03-3239-6233（販売）
京都本部――〒601-8411 京都市南区西九条北ノ内町11
組版――有限会社エヴリ・シンク
装幀者――芦澤泰偉＋児崎雅淑
印刷所 製本所――図書印刷株式会社

ISBN978-4-569-81703-3

ＰＨＰ新書刊行にあたって

「繁栄を通じて平和と幸福を」(PEACE and HAPPINESS through PROSPERITY)の願いのもと、ＰＨＰ研究所が創設されて今年で五十周年を迎えます。その歩みは、日本人が先の戦争を乗り越え、並々ならぬ努力を続けて、今日の繁栄を築き上げてきた軌跡に重なります。

しかし、平和で豊かな生活を手にした現在、多くの日本人は、自分が何のために生きているのか、どのように生きていきたいのかを、見失いつつあるように思われます。そして、その間にも、日本国内や世界のみならず地球規模での大きな変化が日々生起し、解決すべき問題となって私たちのもとに押し寄せてきます。

このような時代に人生の確かな価値を見出し、生きる喜びに満ちあふれた社会を実現するために、いま何が求められているのでしょうか。それは、先達が培ってきた知恵を紡ぎ直すこと、その上で自分たち一人一人がおかれた現実と進むべき未来について丹念に考えていくこと以外にはありません。

その営みは、単なる知識に終わらない深い思索へ、そしてよく生きるための哲学への旅でもあります。弊所が創設五十周年を迎えましたのを機に、ＰＨＰ新書を創刊し、この新たな旅を読者と共に歩んでいきたいと思っています。多くの読者の共感と支援を心よりお願いいたします。

一九九六年十月

ＰＨＰ研究所

PHP新書

［歴史］

005・006 日本を創った12人（前・後編） 堺屋太一
061 なぜ国家は衰亡するのか 中西輝政
146 地名で読む江戸の町 大石 学
286 歴史学ってなんだ？ 小田中直樹
384 戦国大名 県別国盗り物語 八幡和郎
446 戦国時代の大誤解 鈴木眞哉
449 龍馬暗殺の謎 木村幸比古
505 旧皇族が語る天皇の日本史 竹田恒泰
591 対論・異色昭和史 鶴見俊輔／上坂冬子
647 器量と人望 西郷隆盛という磁力 立元幸治
660 その時、歴史は動かなかった!? 鈴木眞哉
663 日本人として知っておきたい近代史［明治篇］ 中西輝政
677 イケメン幕末史 小日向えり
679 四字熟語で愉しむ中国史 塚本青史
704 坂本龍馬と北海道 原口 泉
725 蒋介石が愛した日本 関 榮次
734 謎解き「張作霖爆殺事件」 加藤康男
738 アメリカが畏怖した日本 渡部昇一
740 戦国時代の計略大全 鈴木眞哉
743 日本人はなぜ震災にへこたれないのか 関 裕二
748 詳説〈統帥綱領〉 柘植久慶
755 日本人はなぜ日本のことを知らないのか 竹田恒泰
759 大いなる謎 平清盛 川口素生
761 真田三代 平山 優
776 はじめてのノモンハン事件 森山康平
784 日本古代史を科学する 中田 力
791 『古事記』と壬申の乱 関 裕二
802 後白河上皇「絵巻物」の力で武士に勝った帝 小林泰三
837 八重と会津落城 星 亮一
848 院政とは何だったか 岡野友彦
864 京都奇才物語 丘 眞奈美
865 徳川某重大事件 徳川宗英

［思想・哲学］

032 〈対話〉のない社会 中島義道
058 悲鳴をあげる身体 鷲田清一
083 「弱者」とはだれか 小浜逸郎
086 脳死・クローン・遺伝子治療 加藤尚武
223 不幸論 中島義道
468 「人間嫌い」のルール 中島義道

520 世界をつくった八大聖人　一条真也
555 哲学は人生の役に立つのか　木田 元
596 日本を創った思想家たち　鷲田小彌太
614 やっぱり、人はわかりあえない　中島義道／小浜逸郎
658 オッサンになる人、ならない人　富増章成
682 「肩の荷」をおろして生きる　上田紀行
721 人生をやり直すための哲学　小川仁志
733 吉本隆明と柄谷行人　合田正人
785 中村天風と「六然訓」　合田周平
856 現代語訳 西国立志編　サミュエル・スマイルズ［著］／中村正直［訳］／金谷俊一郎［現代語訳］
884 田辺元とハイデガー　合田正人

［**社会・教育**］

117 社会的ジレンマ　山岸俊男
134 社会起業家「よい社会」をつくる人たち　町田洋次
141 無責任の構造　岡本浩一
175 環境問題とは何か　富山和子
324 わが子を名門小学校に入れる法　清水克彦／和田秀樹
335 NPOという生き方　島田 恒
380 貧乏クジ世代　香山リカ
389 効果10倍の〈教える〉技術　吉田新一郎
396 われら戦後世代の「坂の上の雲」　寺島実郎
418 女性の品格　坂東眞理子
495 親の品格　坂東眞理子
504 生活保護vsワーキングプア　大山典宏
515 バカ親、バカ教師にもほどがある　藤原和博／［聞き手］川端裕人
522 プロ法律家のクレーマー対応術　横山雅文
537 ネットいじめ　荻上チキ
546 本質を見抜く力――環境・食料・エネルギー　養老孟司／竹村公太郎
558 若者が3年で辞めない会社の法則　本田有明
561 日本人はなぜ環境問題にだまされるのか　武田邦彦
569 高齢者医療難民　吉岡 充／村上正泰
570 地球の目線　竹村真一
577 読まない力　養老孟司
586 理系バカと文系バカ　竹内 薫［著］／嵯峨野功一［構成］
599 共感する脳　有田秀穂
601 オバマのすごさ やるべきことは全てやる！　岸本裕紀子
602 「勉強しろ」と言わずに子供を勉強させる法　小林公夫
618 世界一幸福な国デンマークの暮らし方　千葉忠夫
621 コミュニケーション力を引き出す　平田オリザ／蓮行

［文学・芸術］

［心理・精神医学］

065 社会的ひきこもり　斎藤 環
103 生きていくことの意味　諸富祥彦
111 「うつ」を治す　大野 裕
171 学ぶ意欲の心理学　市川伸一
196 〈自己愛〉と〈依存〉の精神分析　和田秀樹
304 パーソナリティ障害　岡田尊司
364 子どもの「心の病」を知る　岡田尊司
381 言いたいことが言えない人　加藤諦三
453 だれにでも「いい顔」をしてしまう人　加藤諦三
487 なぜ自信が持てないのか　根本橘夫
534 「私はうつ」と言いたがる人たち　香山リカ
550 「うつ」になりやすい人　加藤諦三
583 だましの手口　西田公昭
627 音に色が見える世界　岩崎純一
680 だれとも打ち解けられない人　加藤諦三
695 大人のための精神分析入門　妙木浩之
697 統合失調症　岡田尊司
701 絶対に影響力のある言葉　伊東 明
703 ゲームキャラしか愛せない脳　正高信男
724 真面目なのに生きるのが辛い人　加藤諦三
730 記憶の整理術　榎本博明
796 老後のイライラを捨てる技術　保坂 隆
799 動物に「うつ」はあるのか　加藤忠史
803 困難を乗り越える力　蝦名玲子
825 事故がなくならない理由《わけ》　芳賀 繁
862 働く人のための精神医学　岡田尊司
867 「自分はこんなもんじゃない」の心理　榎本博明
895 他人を攻撃せずにはいられない人　片田珠美

[医療・健康]

336 心の病は食事で治す　生田 哲
436 高次脳機能障害　橋本圭司
498 「まじめ」をやめれば病気にならない　安保 徹
499 空腹力　石原結實
551 体温力　石原結實
552 食べ物を変えれば脳が変わる　生田 哲
656 温泉に入ると病気にならない　松田忠徳
669 検診で寿命は延びない　岡田正彦
685 家族のための介護入門　岡田慎一郎
690 合格を勝ち取る睡眠法　遠藤拓郎
698 病気にならない脳の習慣　生田 哲
712 「がまん」するから老化する　和田秀樹
754 「思考の老化」をどう防ぐか　和田秀樹
756 老いを遅らせる薬　石浦章一

760 「健康食」のウソ　幕内秀夫
770 ボケたくなければ、これを食べなさい　白澤卓二
773 腹7分目は病気にならない　米山公啓
774 知らないと怖い糖尿病の話　宮本正章
788 老人性うつ　和田秀樹
794 日本の医療 この人を見よ　海堂 尊
800 医者になる人に知っておいてほしいこと　渡邊 剛
801 老けたくなければファーストフードを食べるな　山岸昌一
824 青魚を食べれば病気にならない　生田 哲
860 日本の医療 この人が動かす　海堂 尊
880 皮膚に聴く　からだとこころ　川島 眞
894 ネット依存症　樋口 進

［経済・経営］

078 アダム・スミスの誤算　佐伯啓思
079 ケインズの予言　佐伯啓思
187 働くひとのためのキャリア・デザイン　金井壽宏
379 なぜトヨタは人を育てるのがうまいのか　若松義人
450 トヨタの上司は現場で何を伝えているのか　若松義人
526 トヨタの社員は机で仕事をしない　若松義人
543 ハイエク 知識社会の自由主義　池田信夫
587 微分・積分を知らずに経営を語るな　内山 力
594 新しい資本主義　原 丈人
603 凡人が一流になるルール　齋藤 孝
620 自分らしいキャリアのつくり方　高橋俊介
645 型破りのコーチング　平尾誠二／金井壽宏
710 お金の流れが変わった!　大前研一
750 大災害の経済学　林 敏彦
752 日本企業にいま大切なこと　野中郁次郎／遠藤 功
775 なぜ韓国企業は世界で勝てるのか　金 美徳
778 課長になれない人の特徴　内山 力
790 一生食べられる働き方　村上憲郎
806 一億人に伝えたい働き方　鶴岡弘之
852 ドラッカーとオーケストラの組織論　山岸淳子
863 預けたお金が紙くずになる　津田倫男
871 確率を知らずに計画を立てるな　内山 力
882 成長戦略のまやかし　小幡 績
887 そして日本経済が世界の希望になる
ポール・クルーグマン［著］／山形浩生［監修・解説］／大野和基［訳］
892 知の最先端
クレイトン・クリステンセンほか［著］／大野和基［インタビュー・編］

［**宗教**］

123 お葬式をどうするか　ひろさちや
210 仏教の常識がわかる小事典　松濤弘道
300 梅原猛の『歎異抄』入門　梅原　猛
834 日本史のなかのキリスト教　長島総一郎
849 禅が教える 人生の答え　枡野俊明
868 あなたのお墓は誰が守るのか　枡野俊明

［**言語・外国語**］

643 白川静さんと遊ぶ 漢字百熟語　小山鉄郎
723 「古文」で身につく、ほんものの日本語　鳥光　宏
767 人を動かす英語　ウィリアム・ヴァンス［著］／神田房枝［監訳］
886 クイズ王の「超効率」勉強法　日髙大介

［**政治・外交**］

318・319 憲法で読むアメリカ史（上・下）　阿川尚之
326 イギリスの情報外交　小谷　賢
413 歴代総理の通信簿　八幡和郎
426 日本人としてこれだけは知っておきたいこと　中西輝政
631 地方議員　佐々木信夫
644 誰も書けなかった国会議員の話　川田龍平
667 アメリカが日本を捨てるとき　古森義久
686 アメリカ・イラン開戦前夜　宮田　律
688 真の保守とは何か　岡崎久彦
729 国家の存亡　関岡英之
745 官僚の責任　古賀茂明
746 ほんとうは強い日本　田母神俊雄
795 防衛戦略とは何か　西村繁樹
807 ほんとうは危ない日本　田母神俊雄
826 迫りくる日中冷戦の時代　中西輝政
841 日本の「情報と外交」　孫崎　享
874 憲法問題　伊藤　真
881 官房長官を見れば政権の実力がわかる　菊池正史
891 利権の復活　古賀茂明
893 語られざる中国の結末　宮家邦彦
898 なぜ中国から離れると日本はうまくいくのか　石　平

［**人生・エッセイ**］

147 勝者の思考法　二宮清純
263 養老孟司の〈逆さメガネ〉　養老孟司
340 使える！『徒然草』　齋藤　孝
377 上品な人、下品な人　山﨑武也
411 いい人生の生き方　江口克彦

424 日本人が知らない世界の歩き方　曾野綾子
431 人は誰もがリーダーである　平尾誠二
484 人間関係のしきたり　川北義則
500 おとなの叱り方　和田アキ子
507 頭がよくなるユダヤ人ジョーク集　烏賀陽正弘
575 エピソードで読む松下幸之助　ＰＨＰ総合研究所〔編著〕
585 現役力　工藤公康
600 なぜ宇宙人は地球に来ない?　松尾貴史
604 〈他人力〉を使えない上司はいらない!　河合 薫
609 「51歳の左遷」からすべては始まった　川淵三郎
634 「優柔決断」のすすめ　古田敦也
653 筋《すじ》を通せば道は開ける　齋藤 孝
657 駅弁と歴史を楽しむ旅　金谷俊一郎
664 脇役力〈ワキヂカラ〉　田口 壮
671 晩節を汚さない生き方　鷲田小彌太
699 采配力《さいはいりょく》　川淵三郎
700 プロ弁護士の処世術　矢部正秋
702 プロ野球 最強のベストナイン　小野俊哉
714 野茂英雄　ロバート・ホワイティング〔著〕／松井みどり〔訳〕
722 長嶋的、野村的　青島健太
726 最強の中国占星法　東海林秀樹
736 他人と比べずに生きるには　高田明和
742 みっともない老い方　川北義則
763 気にしない技術　香山リカ
771 プロ野球 強すぎるチーム 弱すぎるチーム　小野俊哉
772 人に認められなくてもいい　勢古浩爾
782 エースの資格　江夏 豊
787 理想の野球　野村克也
793 大相撲新世紀 2005-2011　坪内祐三
809 なぜあの時あきらめなかったのか　小松成美
811 悩みを「力」に変える100の言葉　植西 聰
813 やめたくなったら、こう考える　有森裕子
814 老いの災厄　鈴木健二
815 考えずに、頭を使う　桜庭和志
822 あなたのお金はどこに消えた?　本田 健
827 直感力　羽生善治
836 阪神の四番　新井貴浩
844 執着心　野村克也
850 伊良部秀輝　団 野村
855 投手論　吉井理人
859 みっともないお金の使い方　川北義則
873 死後のプロデュース　金子稚子
885 年金に頼らない生き方　布施克彦